Marco Mezzadri Pac

Rete!3

Corso multimediale d'italiano per stranieri

[Libro di casa]

Guerra Edizioni

Autori
Marco Mezzadri, Paolo E. Balboni.

Hanno curato le sezioni di Fonologia: *Marco Cassandro*
e di Civiltà: *Giovanna Pelizza.*

Le sezioni di valutazione e autovalutazione
sono a cura di *Mario Cardona.*

Progetto grafico
Keen s.r.l.
Silvia Bistacchia.

Ricerca iconografica, Disegni, Fotografie
Francesca Manfredi, Meri Di Pasquantonio

Stampa
Guerra guru s.r.l. - Perugia.

In collaborazione con: *Èulogos®*

ISBN 88-7715-586-8

I edizione

5. 4.
2006 2005

Guerra Edizioni
via Aldo Manna, 25 - Perugia (Italia) - tel. +39 075 5289090 - fax +39 075 5288244
e-mail: geinfo@guerra-edizioni.com - www.guerra-edizioni.com

leggere **scrivere**

unità 1 italiano, tra passato e presente

Art. 34
La scuola è aperta a tutti.
L'istruzione inferiore, impartita per almeno otto anni, è obbligatoria e gratuita. I capaci e i meritevoli, anche se privi di mezzi, hanno diritto di raggiungere i gradi più alti degli studi. La Repubblica rende effettivo questo diritto con borse di studio, assegni alle famiglie ed altre provvidenze, che devono essere attribuite per concorso.

[Costituzione italiana]

All'interno di un testo è il personaggio che racconta, che narra, in questo caso è in prima persona (io/noi).

SANDRO E GIANNI

Sandro aveva 15 anni. Alto un metro e settanta, umiliato, adulto.
I professori l'avevano giudicato un cretino.
Volevano che ripetesse la prima per la terza volta.
Gianni aveva 14 anni. Svagato, allergico alla lettura. I professori l'avevano sentenziato un delinquente. E non avevano tutti i torti, ma non è un motivo per levarselo di torno.
Né l'uno né l'altro avevano intenzione di ripetere. Erano ridotti a desiderare l'officina. Sono venuti da noi solo perché noi ignoriamo le vostre bocciature e mettiamo ogni ragazzo nella classe giusta per la sua età. [...]

NON TI SAI ESPRIMERE

Sandro in poco tempo s'appassionò a tutto. La mattina seguiva il programma di terza. Intanto prendeva nota delle cose che non sapeva e la sera frugava nei libri di seconda e prima. A giugno il "cretino" si presentò alla licenza e vi toccò passarlo. Gianni fu più difficile. Dalla vostra scuola era uscito analfabeta e con l'odio per i libri. Noi per lui si fecero acrobazie. Si riuscì a fargli amare non dico tutto, ma almeno qualche materia. Ci occorreva solo che lo riempiste di lodi e lo passaste in terza. Ci avremmo pensato noi in seguito a fargli amare anche il resto. Ma agli esami una professoressa gli disse: "Perché vai a una scuola privata? Lo vedi che non ti sai esprimere?" ".........."[1]. Lo so anch'io che Gianni non si sa esprimere. Battiamoci il petto tutti quanti. Ma prima voi che l'avete buttato fuori di scuola l'anno prima. Bella cura la vostra.

SENZA DISTINZIONE DI LINGUA

Del resto bisognerebbe intendersi su cosa sia la lingua corretta. Le lingue le creano i poveri e poi seguitano a rinnovarle all'infinito. I ricchi le cristallizzano per poter sfottere chi non parla come loro. O per bocciarlo.
Vuol dire che Pierino del dottore scrive bene. Per forza, parla come voi. Appartiene alla ditta.
Invece la lingua che parla e scrive Gianni è quella del suo babbo. Quando Gianni era piccolo chiamava la radio lalla. E il babbo serio: "Non si dice lalla, si dice aradio". Ora se è possibile, è bene che Gianni impari a dire anche radio. La vostra lingua potrebbe fargli comodo. Ma intanto non potete cacciarlo dalla scuola.
"Tutti i cittadini sono eguali senza distinzione di lingua". L'ha detto la Costituzione pensando a lui[2].

BURATTINO OBBEDIENTE

Ma voi avete più in onore la grammatica che la Costituzione. E Gianni non è più tornato neanche da noi.
Noi non ce ne diamo pace. Lo seguiamo di lontano. S'è saputo che non va più in chiesa, né alla sezione di nessun partito. Va in officina a spazza. Nelle ore libere segue le mode come un burattino obbediente. Il sabato a ballare, la domenica allo stadio. Voi di lui non sapete neanche che esiste.

L'OSPEDALE

Così è stato il nostro primo incontro con voi. Attraverso i ragazzi che non volete. L'abbiamo visto anche noi che con loro la scuola diventa difficile. Qualche volta viene la tentazione di levarseli di torno. Ma se si perde loro, la scuola non è più scuola. È un ospedale che cura i sani e respinge i malati. Diventa uno strumento di differenziazione sempre più irrimediabile. E voi ve la sentite di fare questa parte nel mondo? Allora richiamateli, insistete, ricominciate tutto da capo all'infinito a costo di passar da pazzi. Meglio passar da pazzi che essere strumento di razzismo.

[Brano tratto da Scuola di Barbiana, *Lettera a una professoressa*, Libreria Editrice Fiorentina]

[1] A questo punto volevamo mettere la parola che ci venne alla bocca quel giorno. Ma l'editore non la vuol stampare.
[2] Veramente gli onorevoli costituenti pensavano ai tedeschi del Sud-Tirolo (Alto Adige), ma senza volerlo pensarono anche a Gianni.

1 Leggi velocemente il testo e rispondi alle domande.

1 Chi è il narratore?

....

....

2 Chi sono Gianni e Sandro?

....

....

2 Leggi nuovamente il testo e indica se le affermazioni sono vere o false.

		Vero	Falso
1	È sicuro che Sandro ha problemi di apprendimento.		
2	Gianni è un criminale.		
3	Alla scuola di Barbiana non si bocciano gli studenti.		
4	Sandro è stato promosso all'esame di licenza media.		
5	Il padre di Gianni parlava un italiano con errori e Gianni ne è stato influenzato.		
6	Gianni se ne è andato anche dalla Scuola di Barbiana.		
7	Nessuno dei vecchi professori di Gianni si interessa più di lui.		
8	Ora Gianni fa tutto ciò che la società gli richiede in modo ubbidiente.		
9	Secondo il narratore la scuola tradizionale crea differenze tra gli studenti.		

3 Scrivi una specie di riassunto del testo svolgendo i seguenti punti:

- Descrivi Sandro e il suo percorso presso la Scuola di Barbiana.
- Descrivi Gianni e il suo percorso presso la Scuola di Barbiana.
- Sintetizza l'opinione del narratore sul ruolo della scuola.
- Riassumi le differenze tra la Scuola di Barbiana e la scuola della professoressa a cui si rivolge il narratore.

4 Ora cerca sul dizionario le parole che non conosci.

lessico

1 Osserva la cartina e risolvi il cruciverba inserendo le lingue.

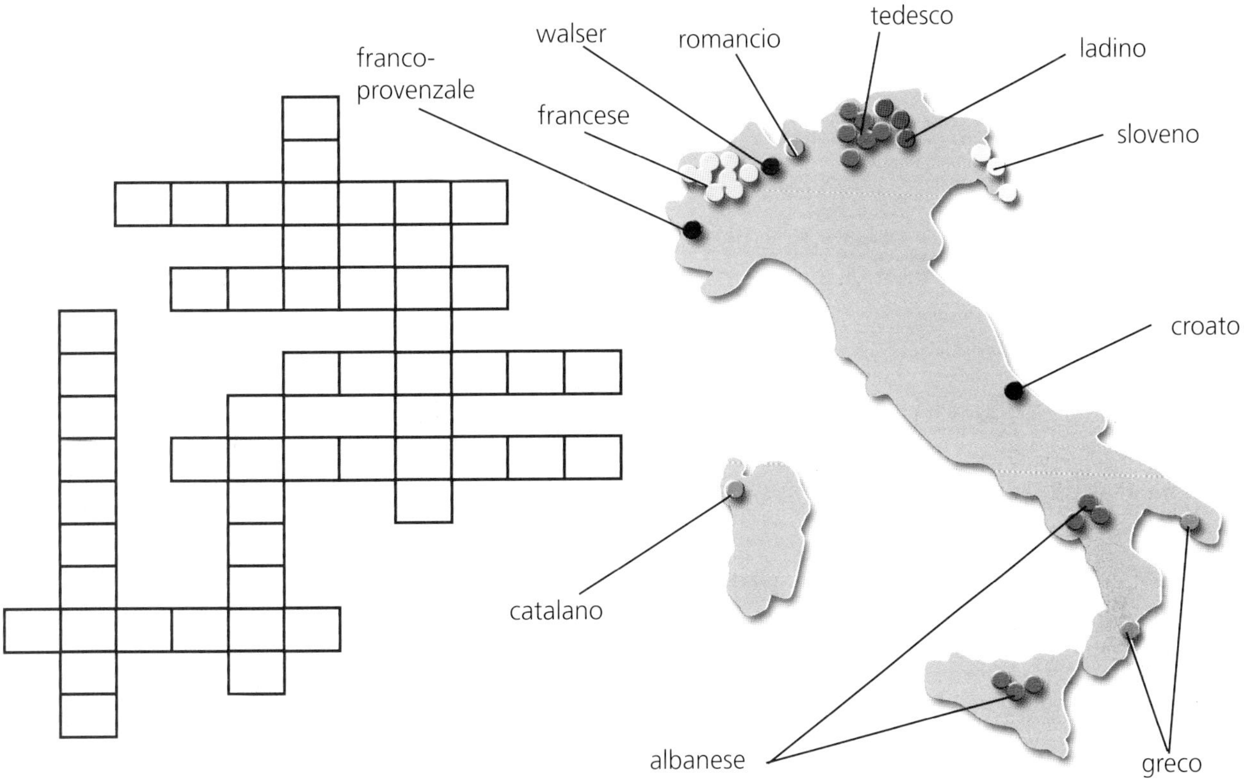

ascoltare

1 Ascolta le frasi tratte dall'intervista del libro di classe e scrivile.

grammatica

1 Completa le frasi con un pronome.

1 Siete partiti da due giorni e senza di .... questa casa è vuota.
2 In primavera è meglio portare sempre un ombrello con .... Spesso ci sono temporali.
3 È vero che .... sei divorziata il mese scorso? .... sai che io per .... sono sempre pronto.
4 Claudio, sai che ho incontrato Giovanni e Sandra? .... ho detto di chiamar....................
5 Dove sono le mie scarpe? Erano bagnate e .... ho messe sul balcone al sole.
6 Signora, ... piacciono questi pantaloni chiari? No, ... preferisco scuri.
7 Se potete chiamar .... prima di cena, è meglio, perché poi usciamo.
8 Domani è il tuo anniversario di nozze. .... ho comprato questo regalo.
9 Mi presti i tuoi occhiali da sole? Sì, ma .... devi ridare domani?
10 Chi vi ha dato il mio indirizzo e-mail? .... ha dato la tua casa editrice.
11 Se avete bisogno di un po' di latte per vostro figlio, chiedete.................... .
12 Un tempo mi davi tanti bacini, ora non .... dai più.

2 Completa le frasi con CI, NE, LO / LA / LE / LI e accorda il participio passato se necessario.

1 Il mese scorso sono andato a pesca di salmoni in Scozia, ma non .... ho pres......... nessuno.
2 Che gelato volete? ...... abbiamo già ordinat......... due al cioccolato e panna.
3 Ho regalato a mia nonna una scatola di cioccolatini e in due giorni .... ha mangiat... tutti.
4 Domani partiamo per l'Australia. Ci rimarremo tre anni. Davvero? Non me .... hai mai parlato.
5 Quanti anni ha tua moglie? .... ha 28.
6 Istanbul è una città stupenda, ... vorrei tornare al più presto.
7 Quanti bicchieri di vino bevi ogni giorno? Oggi .... ho bevut......... solo 3 o 4.
8 Dov'è finito il mio accendino? Io non .... so nulla.

3 Completa le frasi con un pronome relativo.

1 Mi sembra che tu stia studiando poco, ... non mi fa stare molto tranquillo.
2 Mi puoi prestare il cd .... ti ho regalato?
3 .... non ha pagato le tasse universitarie non può fare gli esami.
4 Ieri è morto Bassani, il .... libro "*Il giardino dei Finzi Contini*" è uno dei più belli della letteratura del '900.
5 Questo è l'amico di .... vi ho parlato ieri.
6 Tu sai sempre .... vuoi. Non hai mai dubbi.
7 La Spagna è un paese in .... mi piacerebbe tanto vivere.
8 Quella è la montagna da .... si vede fino in Corsica quando c'è il sole.

4 Completa le frasi con i verbi. Usa il passato remoto o il passato prossimo, l'imperfetto, il trapassato prossimo, il futuro semplice o anteriore.

1 Domani mattina subito dopo che (*noi*) .... (*fare*) colazione, ti .... (*aiutare*) a pulire la casa.
2 Non appena mi .... (*consegnare*) l'auto nuova, ... (*andare*) a fare un giro al mare.
3 Siccome i suoi figli .... (*tornare*) a casa troppo tardi, Saverio .... (*decidere*) di non lasciarli più uscire per tutto il mese.
4 Ieri mattina .... appena (*andare*) a fare la doccia, quando il postino .... (*bussare*) alla porta.
5 La settimana scorsa .... (*dovere*) comprare un nuovo PC perché il mio .... (*rompersi*).
6 Ogni estate, quando la scuola .... (*finire*), ... (*andare*) a lavorare nel negozio di mio padre.

5 Completa le frasi con il verbo all'imperativo.

1 Questa città è diventata pericolosa. Non .... la porta a nessuno che non conosci.
2 .... un biscotto, li ho fatti io.
3 .... il volume, per favore, non si sente niente.
4 Se volete imparare bene l'italiano, ... molti giornali.
5 Prego, Sig. Mattei, ... questo prosciutto, è squisito.
6 ...., mi sa dire dov'è Piazza San Pietro?
7 .... che dovete telefonare a vostra nonna. Se ve ne dimenticate si offende.
8 Senti che tosse che hai. .... di fumare, è meglio!

civiltà La scrittura del futuro

1 Leggi l'intervista a Paolo Fabbri e rispondi alle domande che seguono.

PRIMO PIANO

È la rivincita di Gutenberg

colloquio con Paolo Fabbri

di Stefano Pistolini

Paolo Fabbri insegna Semiotica al Dams di Bologna, ed è un illustre studioso dei linguaggi giovanili portati alla ribalta dagli short message.

Lei ne fa uso?

«No, utilizzo il cellulare, ma solo per parlare. Però ne ho parlato a lungo con mia figlia, degli Sms, e ho raccolto preziose informazioni».

Cosa le ha detto?

«Che i messaggini vanno suddivisi in tre categorie: stenogramma, memo e memoranda».

Ovvero?

«Lo stenogramma è la scrittura abbreviata, sul genere di quella sviluppata su Internet, ma ancora più essenziale. Tutti gli utenti ferrati, per esempio, sanno che "y" sta per "yes" e che "x te" vuol dire "per te"».

Memo e memoranda, invece, cosa sono?

Il primo è un messaggio che dà un'asciutta informazione. Tipico memo è: "Ci vediamo alle 7". Il memoranda invece è una comunicazione personale, e in questo senso fortemente enfatico. È la poesia del messaggino, il mondo del punto esclamativo. Perché lo spazio è ridotto, le frasi necessariamente brevi, e si vira su uno stile poetico che ricorda gli haiku giapponesi».

Perché questo modo di comunicare piace tanto ai giovani?

«Attenzione. È un errore continuare a studiare da una parte i telefonini e dall'altra gli uomini, e pensare che possano stare separati. Dobbiamo studiare l'uomo con attaccato il suo telefonino. Per strada oggi vediamo spesso i telefonini che portano a passeggio i ragazzi. Giovani che perciò non possono più essere tenuti separati dalla tecnologia. Bisogna rapportarsi con il nuovo ibrido: una persona con una cosa appiccicata all'orecchio».

Quindi?

«Quindi va detto che il giovane uomo tecnologico ha ritrovato il gusto di scrivere. È una piccola vittoria di Gutenberg. Seppure con frasi smozzicate, prive di verbi e grammaticalmente discutibili, i ragazzi scrivono. Pensare che pochi anni fa eravamo tutti convinti che la tv avrebbe sepolto per sempre la comunicazione scritta».

È un fenomeno che durerà, questo dei messaggini?

«Sì, perché è il telefono che durerà, in connessione con Internet. E ci si continuerà a scrivere. Per sentirsi meno soli».

Ferrato: *persona che conosce a fondo un argomento.*

Appiccicato: *attaccato, incollato.*

Smozzicato: *tagliato in piccoli pezzi.*

Haiku: *breve poesia giapponese composta di 17 sillabe ripartite in tre gruppi di 5, 7 e 5, avente per argomento specialmente la contemplazione individuale della natura.*

[«L'Espresso», 16 marzo 2000, p. 84-88]

1 Che tipo di scrittura è quella usata nei vari tipi di messaggini?
2 Che cosa ha reso possibile questo piccolo recupero della scrittura da parte dei giovani?
3 Che cosa intende Paolo Fabbri per "*nuovo ibrido*"?
4 Perché si continuerà a scrivere?

leggere | scrivere

unità 2
gli italiani, i regali e le feste

1 Osserva le immagini e scrivi una breve descrizione.

Carri di prima categoria

① **Fate largo arriva sua maestà il Carnevale** *di Gionata Francesconi* - **Carro di apertura**
Il carro di apertura della sfilata, realizzato da Gionata Francesconi, è dedicato alla memoria di Alfredo Morescalchi, un punto di riferimento per il Carnevale di Viareggio. Sarà un riassunto dei personaggi più celebri del carrista scomparso.

② **Concerto di Carnevale** *di Fabrizio Galli* - **Carro sperimentale**
Un vero e proprio tripudio di musica ci attende con il carro sperimentale di Fabrizio Galli: qui il Carnevale sarà un giocoso direttore d'orchestra delle melodie allegre del nuovo millennio.

③ **Sud chiama Nord** *di Emilio Cinquini (con la collaborazione di Sergio Staino)*
Non poteva mancare un intervento dedicato al sociale: è il caso di questo carro, una denuncia a favore dei paesi meno fortunati. Per dirla con le parole del vignettista creatore di Bobo, "il 2000 non è un bimbo bianco e biondo".

④ **L'ora dell'apocalisse** *di Roberto Vannucci*
Tinto di un po' di nostalgia e di mistero pare il carro di Vannucci, secondo cui il 2000 è allegria ma nello stesso tempo paura dell'ignoto... accadde lo stesso anche nel 1999! La migliore medicina in questi casi è sempre il Carnevale, che esorcizza con la sua magia tutte le paure.

⑤ **Effetto collaterale** *di Franco Malfatti*
Con questa costruzione Malfatti si chiede se gli errori fatti nel secolo passato ci possano servire da insegnamento per il futuro, e che il 2000 ci riporti sulla retta via, quella dei veri valori della vita

⑥ **Le maschere hanno sempre ragione**
di Arnaldo Galli
La lotta tra il bene e il male è lo spunto per questo carro di Arnaldo Galli, dove le maschere simbolo della purezza, della gioia e della felicità hanno il delicato compito di spazzare via la guerra dalla faccia della terra.

⑦ **2001: un secolo per la pace**
di Silvano e Alessandro Avanzini
Forte il tema della pace anche nella rappresentazione degli Avanzini: se il secondo millennio è stato teatro di guerre sanguinosissime, possa il prossimo essere uno scenario di pace.

⑧ **Giubileo 2000: anche D'Alema in compagnia sfila a Viareggio e così sia**
di Renato Verlanti e Giovanni Lazzarini
Si torna alla satira politica grazie al carro dell'accoppiata Verlanti-Menghino, dedicato alla figura del presidente del consiglio. Il gioco dei ruoli vede D'Alema tutto intento a benedire le masse... avrà forse preso il posto del Pontefice?

⑨ **Abracadabra** *di Simone Politi e Federica Lucchesi*
Al loro debutto in prima categoria, Politi e Lucchesi trattano il tema delle attesissime riforme istituzionali: riuscirà Carlo Azeglio Ciampi con le sue capacità da negromante a tenere in accordo maggioranza e opposizione?

[da www.comune.viareggio.lu.it]

2 Rispondi alle domande.

a Quale carro dà un'immagine papale del Presidente del Consiglio?
b Quale carro prende in considerazione i problemi dei paesi poveri?
c Quale carro è un augurio che il nuovo millennio possa portare la pace?
d Quale carro è dedicato alla memoria di una persona morta?
e In quale carro le maschere riescono a vincere il male e a eliminare la guerra?
f Quale carro tratta il tema dei cambiamenti dello Stato italiano?
g Quale carro rappresenta gli errori del XX° secolo?
h In quale carro il Carnevale è collegato alla musica?
i Quale carro rappresenta le paure per il nuovo millennio?

Carri di seconda categoria

Roberto Alessandrini - **Attrazioni fatali**
Massimo Breschi - **L'isola del tesoro**
Paolo Lazzari - **Carnevale di primavera**
Giovanni Maggini - **È nata l'alba di un nuovo mondo**
Enrico Vannucci - **Carnevale prossimo futuro**
Edoardo Ceragioli - **Anche l'acqua imbottigliata vuol partecipare alla sfilata**
Carlo Lombardi - **Spirito di vino**
Riccardo Luchini - **Il guardaroba di Re Carnevale**

3 Leggi i nomi dei carri di seconda categoria. Scegline uno e immagina come può essere.

4 Leggi rapidamente il testo che segue e scegli un titolo.

a Caos al Carnevale di Viareggio di quest'anno.
b Vanno in duecentomila alla sfilata di Viareggio.
c L'inatteso insuccesso della sfilata di Viareggio.
d Carnevale di Viareggio senza tv, ma con oltre duecentomila persone.

5 Leggi nuovamente l'articolo e riordina il testo.

VIAREGGIO

1 In serata gli organizzatori hanno comunicato che l'incasso relativo alla vendita dei biglietti (il costo di quello normale era di 19 mila lire) per le sfilate dei carri ha superato i 900 milioni, uno dei più alti nella storia della manifestazione.

2 Ma tanta attenzione anche a un altro carro, fuori concorso, che è sfilato sui viali a mare, ed è quello pensato e disegnato da Dario Fo e dedicato ai bambini feriti dalla guerra. Una grande giostra il cui movimento giocoso viene interrotto dall'esplodere delle mine anti-uomo. Stefania Sandrelli, attrice viareggina particolarmente amata dalla sua città, ha voluto prendere posto proprio su quel carro.

3 Un afflusso record di oltre duecentomila persone, un teatrino televisivo con Teo Teocoli per "Quelli che il calcio...": Viareggio chiude così il terzo corso di carnevale. Una giornata caratterizzata dalla partecipazione di Gina Lollobrigida, come rappresentante della Fao, Manfredo Incisa di Camerana per l'Onu e le attrici Amanda e Stefania Sandrelli per Amnesty International.

4 L'affluenza dei 200 mila ha creato alcune difficoltà nel deflusso al termine dei corsi, con incolonnamenti sull'Aurelia ed agli ingressi alle autostrade.

5 La sfilata, iniziata con mezz'ora di anticipo per consentire le riprese Rai, ha riproposto i sette carri di prima categoria, quasi tutti con un miglioramento ai movimenti: particolarmente apprezzato ancora una volta quella dedicato al presidente del consiglio che, nella fantasia dei carristi, è diventato Papa.

a	b	c	d	e

[Da www.repubblica.it - 5 marzo 2000]

ascoltare

1 Ascolta l'intervista e rispondi alle domande.

1. Che nuovo servizio è da qualche anno attivo sul sito della Guerra Edizioni?
2. Come funziona?
3. Come ci si registra se si vuole fare acquisti?
4. Come avviene la spedizione?
5. Dopo che il cliente ha inviato l'ordine che cosa succede?

grammatica

1 Completa le frasi.

1. Sembra che ....
2. Può darsi che ....
3. Bisogna che ....
4. Basta che ....
5. Occorre ....
6. Conviene ....

2 Completa le frasi con un'espressione del riquadro.

1 ....Benché.......... sia in Italia da pochi mesi, Kumar capisce e parla correntemente la nostra lingua.
2 Vi disegno la strada che dovete percorrere per arrivare da noi, ... non vi perdiate.
3 Chiudi le finestre .... inizi a piovere.
4 Ho comprato un mazzo di rose a mia moglie, devo entrare in casa .... mi senta.
5 Vorrei comprare una casa più grande, ... riesca a vendere la mia.
6 .... mia cugina Michela mi stia antipatica, l'ho invitata al mio matrimonio.
7 Ormai Giovanni è guarito e può uscire di casa, ... non prenda freddo.
8 .... tu non riesca a telefonare, almeno cerca di mandarmi un e-mail.

Nonostante, prima che, nel caso che, purché, affinché, purché, senza che

3 Completa le frasi con un verbo del riquadro.

1 Penso che Lucca ....sia.......... una città meravigliosa.
2 Mi sorprende che tu .... un giudizio così negativo su Giorgio.
3 Siamo tutti delusi che l'Italia non .... il campionato europeo.
4 Per la festa di Cristina preferisci che .... una bottiglia di vino o un dolce?
5 Temo che il cane .... la pasta che avevi preparato.
6 Spero che Daniela .... il lavoro che desiderava.
7 Pare che la ditta di mio fratello .... aprire una filiale in Albania.
8 Non sono sicuro che questa mattina Matteo .... l'esame.

Superare, mangiare, portare, ottenere, avere, volere, vincere

lessico

1 Le parole che mancano in questo testo sono state inserite nello schema del cruciverba. Quanto tempo ci metti a trovarle?

Carro di apertura
Il carro di apertura è dedicato alla memoria di Alfredo Morescalchi, un punto di riferimento per il **6 oriz.** di Viareggio. Sarà un riassunto dei personaggi più celebri del **1 vert.** scomparso.

Sud chiama Nord
Non poteva mancare un intervento dedicato al sociale: è il **7 vert.** di questo carro, una denuncia a favore dei paesi meno fortunati. Per dirla con le parole del vignettista **5 vert.** di Bobo, "il 2000 non è un bimbo bianco e biondo".

L'ora dell'apocalisse
Tinto di un po' di nostalgia e di mistero pare il carro di Vannucci, secondo cui il 2000 è allegria ma nello **9 oriz.** tempo paura dell'ignoto...

Effetto collaterale
Con questa costruzione Malfatti si chiede se gli errori fatti nel secolo **8 oriz.** ci possano servire da insegnamento per il futuro.

Le maschere hanno sempre ragione
La **11 vert.** tra il **3 vert.** e il male è lo spunto per questo carro di Arnaldo Galli, dove le **4 oriz.** simbolo della purezza, della gioia e della felicità hanno il delicato compito di spazzare via la guerra dalla faccia della terra.

2001: un secolo per la pace
Forte il **2 vert.** della pace anche nella rappresentazione degli Avanzini: se il secondo millennio è stato **10 oriz.** di guerre sanguinosissime, possa il prossimo essere uno scenario di pace.

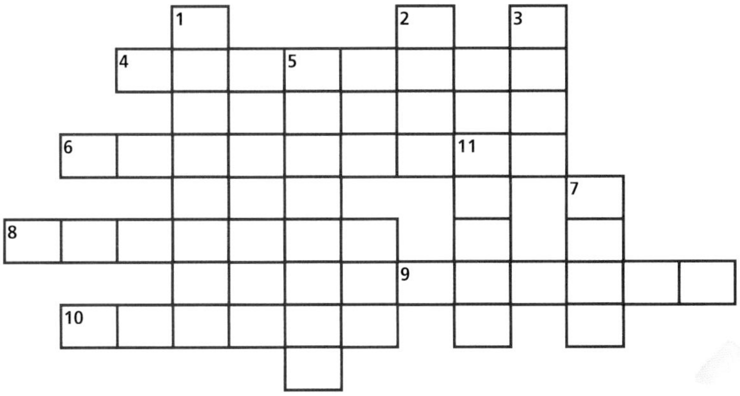

civiltà — Una festa famosa in tutto il mondo: il palio di Siena

1 Avrai senza dubbio sentito almeno una volta parlare del Palio di Siena. Quali sono le sue origini? Se vuoi trovare una risposta a questa domanda leggi il brano che segue.

Le origini del Palio

Per usare un luogo comune, si può ben dire che le origini del Palio si perdono nella "notte dei tempi". Infatti, si potrebbe addirittura far risalire al periodo etrusco l'uso di far "carriere" con cavalli e fantini. Tuttavia, per trovare una forma di Palio più compatibile con l'attuale bisogna arrivare al 1310 quando, per volontà del Comune (come risulta dagli Statuti) e in onore della Vergine Maria, si stabilì di "comprare et correre el Palio... come è usato ne la città di Siena..."e questo avveniva in Agosto e in Maggio"... ne la festa di Sancto Ambruogio...".

Siena, però, era città dalle molteplici feste e tornei, come ad esempio il gioco dell'Elmora (intorno alla metà del '200) che era violentissimo e combattuto da popolani armati di mazze, tabelloni e pietre e che fu sostituito, sembra nel 1291, dal gioco delle Pugna che vedeva i giovani senesi, divisi in due o tre Parti (corrispondenti ai tre terzi della città), affrontarsi con le mani coperte da cestelli. Prima di arrivare al Palio così come ora lo conosciamo, si passa attraverso altri tipi di gare con cavalli: la corsa alla "lunga" e alla "tonda". Altri giochi, poi si svolsero nel Campo come la Pallonata (veniva lanciata una grossa palla dalla Torre del Mangia ed era calciata in modo indisciplinato da due fazioni opposte di senesi), la Bufalata, o "Lidia" e le Cacce.
Si arriva quindi alla data "ufficiale" di inizio del Palio, come oggi lo conosciamo, salvo un paio di modifiche: il 1656.

[Adattato da http://www.ilpaliodisiena.com/indexpal.htm]

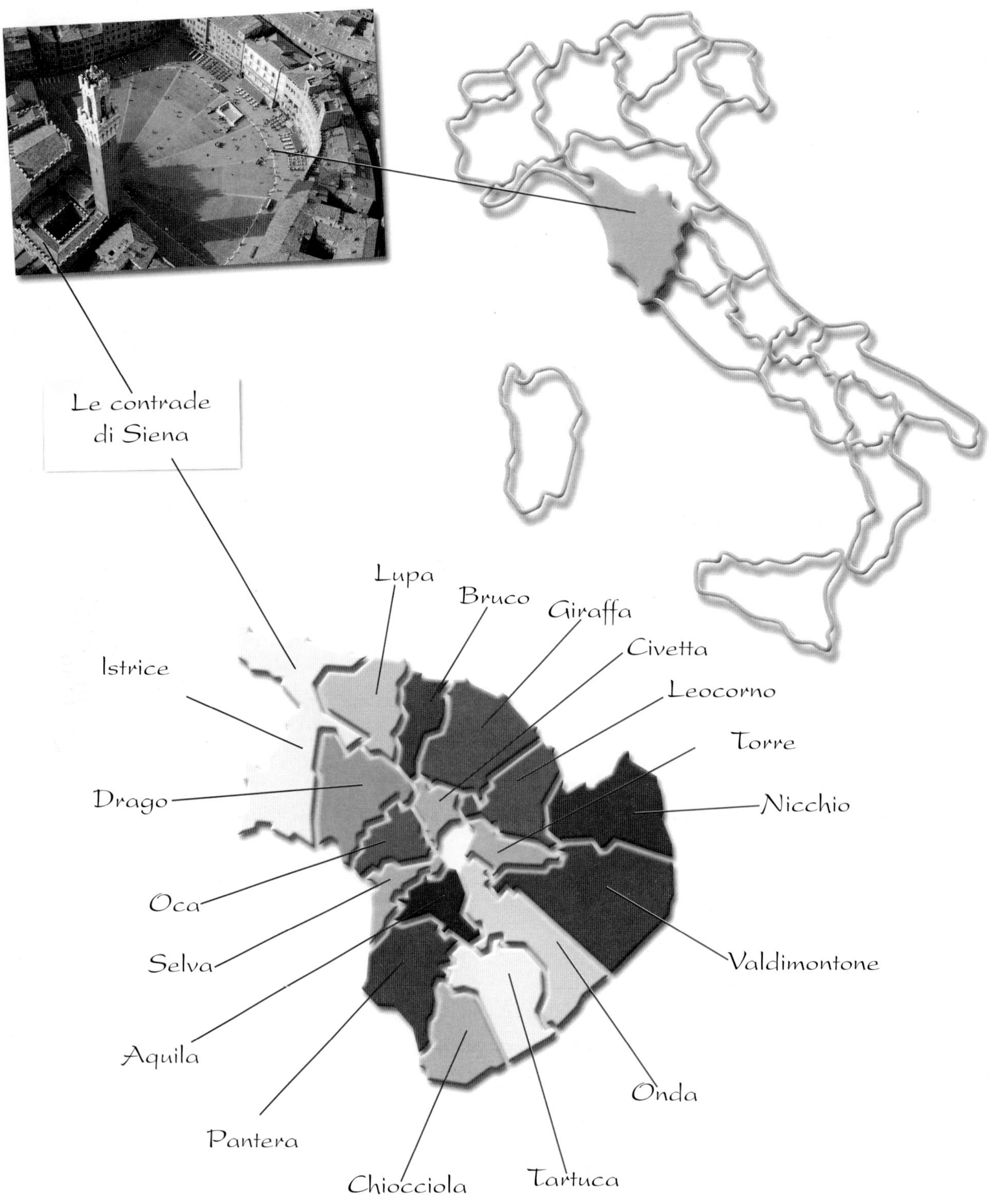
Le contrade di Siena
Lupa
Bruco
Giraffa
Civetta
Leocorno
Torre
Nicchio
Istrice
Drago
Oca
Selva
Aquila
Pantera
Chiocciola
Tartuca
Onda
Valdimontone

ascoltare | scrivere

1 Ascolta la registrazione e indica chi è il colpevole?

2 Ascolta nuovamente la registrazione e prendi appunti su quello che Sonia racconta all'Ispettore De Angelis.

3 Ora scrivi un riassunto dell'episodio raccontato da Sonia. Utilizza il passato.

leggere

- Te li immaginavi così il commissario Moltalbano e Livia?

[Katharina Bohm e Luca Zingaretti]

1 Leggi il primo testo che segue e completalo con le parole del riquadro.

La voce del violino

Un delitto inquietante, un .... inestricabile. Per tutti, ma non per l'investigatore .... famoso d'Italia...

L'auto della polizia su cui viaggia **Montalbano**, ... dallo spericolato agente Gallo, sbanda e tampona un'auto .... di fronte ad una villa isolata. Il commissario .... un biglietto con il numero della questura ma avverte un oscuro presentimento. Per questo .... penetra di nascosto nella villa e scopre il cadavere di una giovane .... nuda. È **Michela Licalzi**, giovane moglie di un medico siciliano da tempo .... a Bologna. L'agente **Fazio** - durante una perquisizione nell'abitazione della .... - attira l'attenzione di **Montalbano** su un violino riposto in una custodia aperta. .... nel frattempo interroga gli amici di **Michela** e scopre che quest'ultima prima di essere uccisa aveva incontrato un'amica, Anna. La donna, bella e .... racconta che **Michela** aveva un amante, probabilmente un musicista. Tuttavia i .... - infondati - ricadono su un giovane handicappato, **Maurizio Di Blasi**, innamoratissimo di **Michela**. Intanto **Montalbano** riceve due brutti colpi: il questore decide di togliergli il .... e **François**, il bambino che il commissario ha salvato nel ***Ladro di merendine***, decide di restare con la famiglia cui è stato affidato, frustrando il desiderio di **Livia** che voleva .... Il commissario però non si dà per vinto e così...

[Da http://www.raidue.rai.it]

guidata, sospetti, adottarlo, residente, motivo, donna, parcheggiata, l'investigatore, lascia, vittima, caso, mistero, attraente, più

Vigata
Quel paese della Sicilia, Vigata , che tutti leggendo i libri di Andrea Camilleri, abbiamo immaginato con i suoi colori africani, strade e case con un aria precaria, incompiuta: cemento e palme, un lungomare che sembra arrivare chissà dove, è qui che vive il commissario Montalbano, eroe mediterraneo dall'ironia tagliente, passo sicuro e modi diretti.

Montalbano
Salvo Montalbano era uno scolaro "murritiusu", che studiava poco e sedeva sempre nell'ultimo banco. Rimase orfano di madre da piccolo; l'unico ricordo che ha della madre è la luce dorata riflessa dai capelli di lei. Un giorno il padre lo portò nella casa di una sua sorella senza spiegargli che la nonna stava morendo e la madre si era gravemente ammalata; quando tornò a riprenderselo, vestito a lutto, lui si rifiutò di seguirlo.

[Da http://www.angelfire.com/pa/camilleri/]

grammatica

1 Trasforma il testo che segue al passato.

Il cane di terracotta

Una grotta: un deposito d'armi, ma anche un luogo d'amore e di morte...

L'anziano capomafia **Tanu U Greco** e il commissario. Un incontro per una rivelazione importante: l'esistenza di un deposito d'armi in una grotta fuori dal paese. Dove, però, viene scoperta anche una camera segreta in cui sono stati sepolti con uno strano rituale due giovani assassinati presumibilmente nei primi anni Quaranta. **Montalbano**, incuriosito da questo ritrovamento, indaga, ma viene ferito in un attentato organizzato dalla malavita.
Durante il periodo della convalescenza si documenta sui rituali funebri antichi e scopre delle affinità fra la macabra messa in scena della grotta e il mito della grotta di **Efesto**. Inoltre viene *avvertito* da alcuni anziani della misteriosa sparizione, proprio nei primi anni Quaranta, di una certa **Lisetta** e di suo cugino **Lillo**, il proprietario del terreno dov'è situato l'anfratto: il giovane si era appena laureato con una tesi sul mito di Efesto e le sue varianti. Il commissario riesce a ritrovare l'ormai anziano **Lillo** - rifugiatosi in un'altra città - che gli racconta tutto...

[Da http://www.raidue.rai.it]

2 Correggi gli errori dove necessario.

1 Mi piacerebbe che tu venga alla mia festa di compleanno.
Mi piacerebbe che tu venissi alla mia festa di compleanno

2 Vorrei che mi dicevi onestamente dove sei stato ieri sera.

3 Michela desidererebbe che il suo ragazzo vada meno al bar con gli amici e passi più tempo con lei.

4 Molte persone vorrebbero che ci fossero più opportunità di lavoro per i giovani, ma anche un futuro sicuro per gli anziani.

5 Sarebbe bello che tu venivi a trovarci.

6 È opportuno che si facessero delle riforme per rendere più stabili i governi italiani.

....

7 Sarebbe meglio che smettessi di andare a cavallo. È troppo pericoloso.

....

8 Mi piacerebbe che ci sia qualcuno che mi facesse da mangiare almeno una volta al giorno.

....

3 Fa' delle frasi usando le parole proposte come nell'esempio.

1 Parigi / più vicina / andare / spesso.

Se Parigi fosse più vicina ci andrei spesso.

2 Pagare / meno tasse / molte persone / potere / vivere / più tranquille.

....

3 Paolo / pensare / essere bello / suonare / la chitarra / avere / più successo / con gli amici.

....

4 Paolo / avere / cose interessanti / da raccontare / risolvere / molti dei suoi problemi.

....

5 Fausto / imparare / stirare / camicie / non arrabbiarsi / quando / non essercene più già pronte.

....

6 La giustizia / in Italia / essere / più efficiente / la gente / sentirsi / più sicura.

....

civiltà

1 Devi spiegare a un tuo connazionale il fenomeno mafioso. Basandoti sul brano che segue prendi appunti su:

- le origini
- le condizioni sociali ed economiche su cui si è sviluppata;
- i mezzi usati per mantenere il potere;
- il ruolo dello Stato
- le principali attività della mafia negli ultimi 30 anni.

Le origini della mafia

La mafia è nata in Sicilia sotto il governo dei Borbone (1738-1860).
È però a partire dall'unità d'Italia (1861) che la mafia diventa una vera organizzazione criminale con collegamenti anche con la classe politica.
I grandi proprietari terrieri avevano dominato senza grossi problemi l'agricoltura siciliana fino all'Unità imponendo un'economia di tipo feudale.
Dopo il 1861 il giovane stato italiano cerca di portare le sue leggi nazionali anche in Sicilia ma i padroni delle terre non vogliono rinunciare al loro potere economico. Cominciano così a servirsi di persone e di metodi al di fuori della legge per tenere sotto controllo le crescenti rivendicazioni dei contadini che giustamente chiedevano una distribuzione più giusta dei guadagni che venivano dalla coltivazione delle terre.
Naturalmente si tratta di un controllo basato sulla violenza, sull'intimidazione, sull'estorsione e anche sull'omicidio, fatta da persone che hanno come unico scopo il guadagno personale e del padrone per il quale svolgono l'opera di controllo.

Economia di tipo agricolo in cui i contadini lavorano la terra per il padrone che diventa l'unico beneficiario del loro lavoro e che lascia ai contadini il minimo indispensabile per vivere.

Prendere qualcosa a qualcuno (di solito denaro) con la forza e la violenza.

Richieste e lotte per i propri diritti

Azione o parola per fare paura a qualcuno.

Atto dell'uccidere una persona

Da allora la mafia ha sempre fatto di tutto per impedire il regolare funzionamento delle leggi dello stato italiano nei territori che controllava. Purtroppo questo è successo perché molti mafiosi avevano appoggi politici, e anche perché le vittime del potere mafioso si trovavano spesso da sole a combattere contro nemici molto più potenti di loro che usavano mezzi violenti e che seminavano la paura e il terrore tra la popolazione.

La mafia degli ultimi 30 anni

Le stragi, i delitti eccellenti, una guerra interna, i pentiti, gli arresti dei capi.

È la mafia degli ultimi trent'anni, un'evoluzione che ha portato Cosa Nostra a diventare imprenditrice, ad assaltare i mercati mondiali, la Borsa. E tutto grazie al traffico della droga. La mafia ha ormai monopolizzato il mercato degli stupefacenti in America ed Europa ed ha accumulato immense ricchezze, che reinveste in attività quasi sempre illecite. In particolare nell'edilizia e nei lavori pubblici, che sono una fonte di reddito altrettanto formidabile. Ma non manca l'acquisizione di imprese ottenuta tramite l'usura o il riciclaggio del denaro sporco. È la mafia dei colletti bianchi, che non esclude per nulla la crudeltà che ha sempre contraddistinto Cosa Nostra. Una crudeltà che si è manifestata in alcuni omicidi di pentiti o loro parenti, e nelle stragi di Capaci e via D'Amelio con l'uccisione dei giudici Falcone e Borsellino nel1992 e le bombe a Firenze ('93).

Uccisione di personalità importanti, giudici, capi della polizia, magistrati impegnati nella lotta alla mafia.

La mafia esercita cioè un'attività organizzata e strutturata come una vera e propria impresa economica.

Immissione sul mercato attraverso l'impiego in attività finanziarie ed economiche legali di denaro proveniente da attività criminose e illegali.

Impiegati.

Non legali

Prestito di denaro a interessi altissimi.

lessico

1 Inserisci queste parole nel riquadro, seguendo la logica degli eventi.

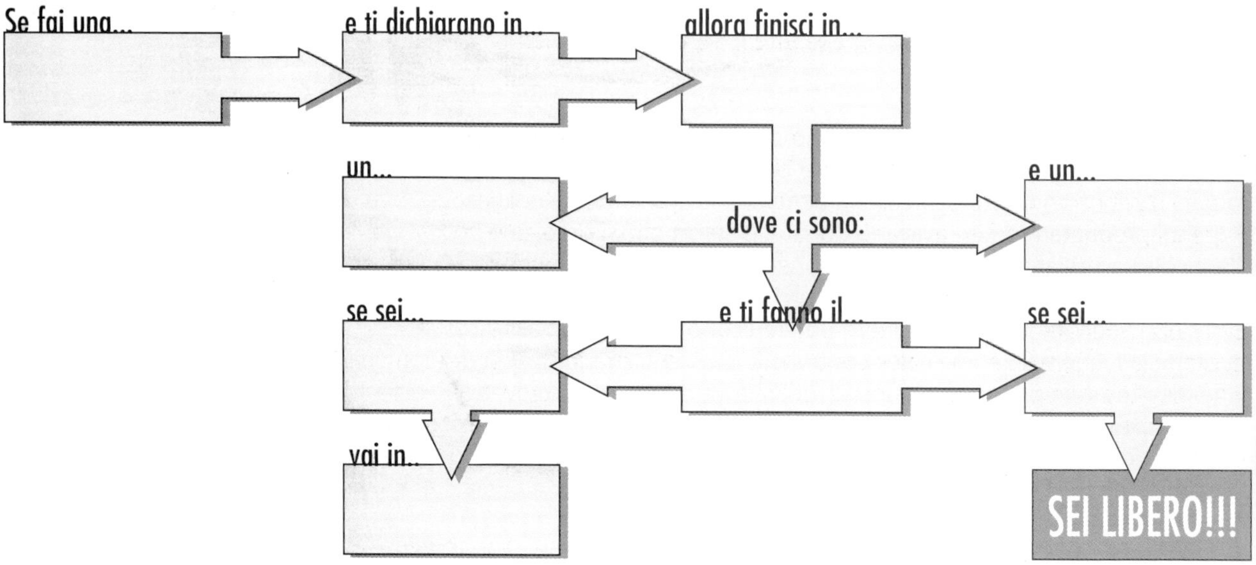

arresto, avvocato, colpevole, giudice, innocente, prigione, processo, rapina, tribunale

ascoltare

unità 4
la pubblicità, il made in Italy

1 Ascolta le pubblicità e decidi a che prodotti si riferiscono.

2 Ascolta nuovamente le pubblicità e verifica se le tue risposte erano corrette.

leggere scrivere

1 Leggi il testo sulla Ferrari e rispondi alle domande.

Enzo Ferrari fondò la Scuderia il 16 novembre 1929, in Viale Trento e Trieste a Modena, con lo scopo di far partecipare alle competizioni automobilistiche i propri soci. L'attività agonistica, con vetture Alfa Romeo, continuò fino al 1938, anno in cui egli divenne Direttore Sportivo dell'Alfa Corse. Dopo due anni, Enzo Ferrari si staccò dall'Alfa Romeo e fondò, presso la vecchia sede della Scuderia Ferrari, l'Auto Avio Costruzioni Ferrari, con l'obiettivo d produrre macchine utensili, in particolare rettificatrici oleodinamiche. Nonostante un impegno di non concorrenza (che al momento del distacco dall'Alfa Romeo precludeva per quattro anni a Enzo Ferrari la costruzione di automobili che portassero il suo nome), l'Azienda avviò anche lo studio e la progettazione di una vettura sportiva, una spider 8 cilindri 1500 cc, denominata 815, che fu costruita in due esemplari e partecipò alla Mille Miglia del 1940. L'inizio della seconda guerra mondiale pose fine a ogni attività sportiva. Nel 1943 le officine furono trasferite da Modena a Maranello, dove la costruzione delle rettificatrici oleodinamiche continuò fino al 1944, anno in cui lo stabilimento fu bombardato. Al termine del conflitto l'Azienda assunse la denominazione "Ferrari" e progettò la vettura 125 Sport, 12 cilindri, 1500 cc, che, affidata a Franco Cortese, debuttò sul circuito di Piacenza l'11 Maggio 1947. La macchina si ritirò ma era in testa all'ultimo giro e l'inizio fu considerato molto promettente. Due settimane dopo, infatti, Cortese e la 125 Sport vinsero il Gran Premio di Roma. Da allora la Casa, affidando le sue vetture a prestigiosi piloti, ha colto sui circuiti e sulle strade di tutto il mondo oltre 5.000 affermazioni, creando una leggenda. I trionfi più significativi sono costituiti da 9 titoli Mondiali Piloti di Formula 1, 14 Campionati Mondiali Marche, 2 Campionati del Mondo e 6 Coppe Internazionali Costruttori di F1, 9 successi alla 24 Ore di Le Mans, 8 alla Mille Miglia, 7 alla Targa Florio, e, alla fine del 1997, 113 vittorie in Gran Premi di F1. Nel 1969, per far fronte alle crescenti richieste del mercato, Enzo Ferrari cedette al Gruppo Fiat il 50% delle sue quote azionarie, percentuale salita al 90 nel 1988. Ciononostante la Ferrari, a causa della sua specialissima attività, ha sempre mantenuto una forte autonomia.

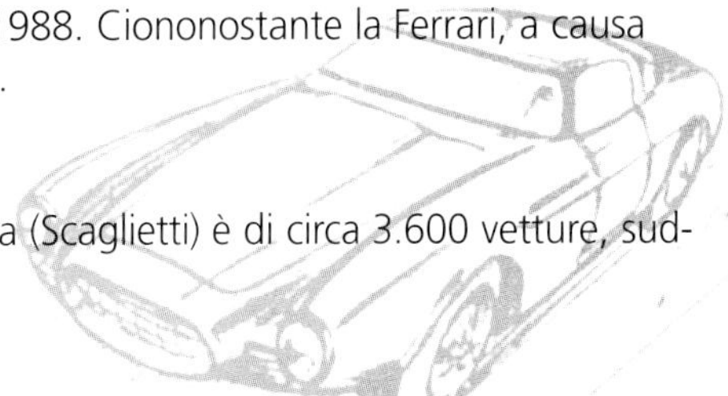

Produzione
Attualmente, la produzione totale negli stabilimenti di Maranello e Modena (Scaglietti) è di circa 3.600 vetture, suddivise in tre modelli: 360 Modena, 456M GT e GTA, 550 Maranello.

I mercati della Ferrari
La Ferrari ha filiali dirette negli Stati Uniti, in Germania e in Svizzera. Negli altri Paesi in cui opera si affida a importatori. La rete commerciale comprende oltre 300 punti di vendita e di assistenza in 45 Paesi che rappresentano, insieme, il 90 per cento del mercato mondiale dell'auto. I principali mercati per la Ferrari sono: Usa, Germania, Gran Bretagna, Italia, area del Pacifico e Svizzera. Il 90 per cento delle vetture prodotte viene esportato.

Il programma Carrozzeria Scaglietti
Dal 1997 la Ferrari offre ai suoi clienti la possibilità di personalizzare la propria Granturismo fino a trasformarla in un pezzo unico. Il classico nome della Carrozzeria Scaglietti, legato alle migliori tradizioni artigianali per Ferrari fin dagli anni '60, firma infatti un programma che consente di ordinare la propria auto con caratteristiche tecniche ed estetiche del tutto esclusive. Sono circa 50 le opzioni offerte dal programma che, grazie all'opera di un team di specialisti coadiuvati dal supporto della Pininfarina, permette di soddisfare ogni più piccola esigenza del cliente.

Rosso Ferrari
Il colore rosso tipico della Ferrari è quello nazionale italiano per vetture da Gran premio, stabilito dalla Federazione Internazionale dell'Automobile nei primi anni del secolo. Oggi la Ferrari offre una gamma di 16 colori diversi per le sue Granturismo.

I corsi Pilota Ferrari
Per dare ai clienti la possibilità di migliorare la conoscenza e la capacità di sfruttamento delle caratteristiche delle proprie Granturismo, dal 1993 la Ferrari organizza, sui circuiti di sua proprietà, i corsi di guida "Pilota Ferrari". I clienti che prendono parte ai corsi imparano sia a godere delle qualità sportive delle vetture nell'uso estremo in pista sia a fronteggiare le situazioni di imprevisto che possono verificarsi in strada. A tutto il 1998 erano già stati 1.500 i clienti, provenienti da tutto il mondo, che avevano saputo guadagnarsi il diploma di "Pilota Ferrari". Nel 1999 sono in programma 7 corsi base all'autodromo del Mugello e 5 corsi avanzati a Fiorano. Gli allievi si cimentano al volante delle 360 Modena con sistema di gestione motopropulsore tipo F1 e della 550 Maranello.

Clienti in pista con il Challenge Ferrari
Dal 1993 i clienti-piloti della Casa possono iscriversi a un campionato loro riservato, che viene disputato a bordo di una versione da pista della F 355. Nel 1999 il Challenge Ferrari si articola su 5 serie: Europa Sud, Europa Centro, Stati Uniti, Venezuela e Giappone. Viene anche organizzata una finale intercontinentale che mette di fronte i clienti-piloti di tutto il mondo.

In tutto il mondo gli Owners' Club
Nati per radunare i possessori di vetture Ferrari, gli unici a poterne diventare soci, e per organizzare attività ufficiali sotto il segno del Cavallino, gli Owners' Club sono oggi in totale 18, di cui 12 in Europa, 2 in Oceania 1 in Nordamerica, 1 in Sudamerica, 1 in Asia e 1 in Africa. I soci sono in totale circa 40.000. Il più antico è il club britannico, che nel 1998 ha celebrato il suo trentennale, mentre oltre i venticinque anni di vita sono anche quelli di Francia e Australia.

La collezione "Ferrari Idea"
"Ferrari Idea" è una collezione di prodotti studiata esclusivamente per i clienti Ferrari e quindi disponibile soltanto attraverso la rete commerciale della Casa o presso la Galleria Ferrari di Maranello. Gli oggetti sono direttamente pensati e realizzati a Maranello. Alcuni di essi addirittura utilizzano quelle parti meccaniche delle vetture stradali e da competizione che hanno assunto il valore di icone nel simboleggiare l'attività della Ferrari.
Per lo sviluppo del marchio la Ferrari ha costituito nel 1999 la società Ferrari Idea SA con sede a Lugano (CH).

Il Marchio Ferrari e i suoi licenziatari
Il Marchio Ferrari è uno dei più importanti e conosciuti del mondo. Per questo è storicamente sfruttato da contraffattori. Nell'ambito di una strategia di tutela del marchio, la Ferrari ha pertanto deciso di estendere la presenza del proprio Marchio ad attività collaterali, coerenti con l'attività istituzionale dell'Azienda. Ecco chi sono i Licenziatari Ferrari: Girard Perregaux (orologi); Satinine (profumi); Nice Man (abbigliamento); Pigna (articoli scolastici e di cancelleria); Electronic Arts, Sega e Acclaim (videogames); BBR (modellini di autovetture); Mattel (modellini e giocattoli); Panini (adesivi e figurine).

[Da www.ferrari.it]

1 Chi era Enzo Ferrari?

....

....

2 Cosa successe alla fine della seconda guerra mondiale?

....

....

3 Dove vengono prodotte oggi le macchine?

....

....

4 Quali sono i maggiori mercati per la Ferrari?

....

....

5 Cos'è il Programma Carrozzeria Scaglietti?

....

....

6 Cosa sono i corsi Pilota Ferrari?

....

....

7 Cos'è il Challange Ferrari?

....

....

8 Cosa sono gli Owners' Clubs?

....

....

9 Perché la Ferrari ha deciso di usare il proprio marchio per altri prodotti oltre alle automobili?

....

....

2 Leggi nuovamente il testo e scrivi una breve presentazione pubblicitaria della Ferrari utilizzando le informazioni contenute nel brano.

Dino 246 GT - GTS (1970)

Ferrari 550 Maranello

Dino 308 GT/4 (1973)

lessico

1 Leggi il testo sulla Ferrari e rispondi alle domande.

Come si chiamava il grande rivale di Ferrari? Era un costruttore di trattori, che lavorava a Cento, a pochi chilometri da Maranello. Voleva una Ferrari, l'Ingegnere non gliela voleva vendere, allora lui disse: "E allora me la faccio io!", e creò una fabbrica di automobili da sogno che portano il suo cognome: ....

Inserisci nelle colonne verticali le parole che mancano e troverai il cognome di quel signore.

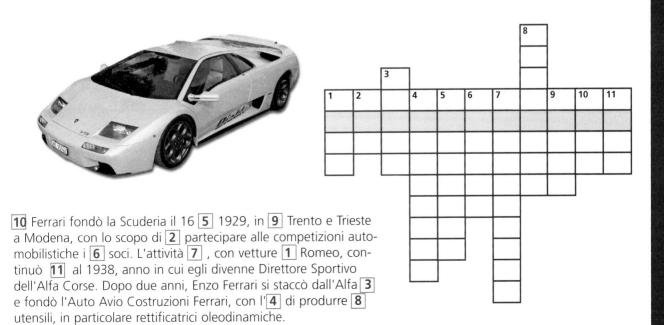

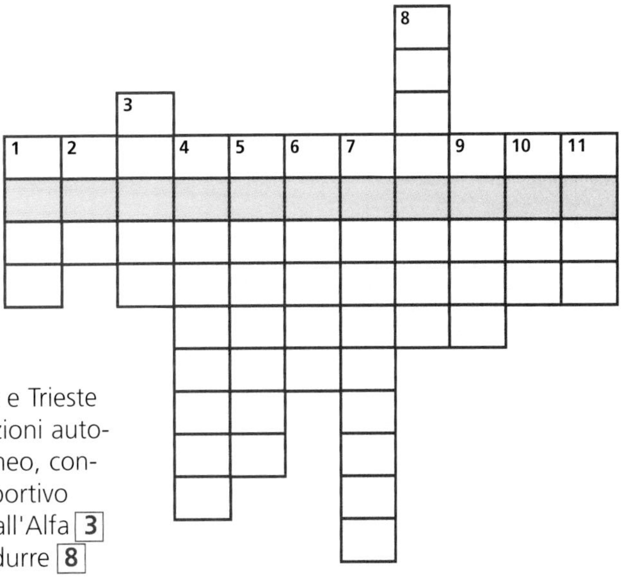

[10] Ferrari fondò la Scuderia il 16 [5] 1929, in [9] Trento e Trieste a Modena, con lo scopo di [2] partecipare alle competizioni automobilistiche i [6] soci. L'attività [7], con vetture [1] Romeo, continuò [11] al 1938, anno in cui egli divenne Direttore Sportivo dell'Alfa Corse. Dopo due anni, Enzo Ferrari si staccò dall'Alfa [3] e fondò l'Auto Avio Costruzioni Ferrari, con l'[4] di produrre [8] utensili, in particolare rettificatrici oleodinamiche.

grammatica

1 Metti le frasi al passato.

1 Il ladro viene arrestato.
Il ladro è stato arrestato

2 Roberto Benigni è premiato con l'Oscar.

3 Il dialetto viene parlato in quasi tutte le famiglie italiane.

4 Le elezioni sono vinte dall'opposizione.

2 Correggi gli errori, dove necessario.

1 Si sono mangiato troppi piatti al matrimonio di Silvano.
Si sono mangiati troppi piatti al matrimonio di Silvano

2 Si è mangiato troppo al matrimonio di Silvano.

3 Sara è stato picchiata da suo padre e lo ha denunciato.

4 Il mio gatto è venuto investito da una macchina.

5 Su "da" non va messo l'accento quando è preposizione.

6 I vini rossi vanno bevuto a temperatura ambiente, i bianchi si servono spesso freddi.

3 Completa le frasi con un passivo, usando i verbi tra parentesi.

1 Che buona questa pizza! Come è stata fatta? (*fare*).
2 Come sono arrivati a casa questi fiori? .... (*raccogliere*).
3 In che libreria .... questo libro? (*comprare*).
4 Credo che sia una vera barbarie, un altro condannato a morte .... (*uccidere*).
5 Che peccato! Malvina non .... (*promuovere*).
6 Non posso più bere il vino bianco! Mi .... (*vietare*).

4 Completa le frasi con un pronome relativo. Dove possibile usa entrambe le forme (*che / cui o il / la quale, i / le quali, chi o colui / colei / coloro che*).

1 Spero di guadagnare abbastanza soldi quest'anno, con cui / i quali andrò in vacanza per Natale.
2 Questa macchina è stata creata per .... amano una guida sportiva.
3 Ci sono molti prodotti italiani .... sono conosciuti in tutto il mondo.
4 Sonia disse: "Sposerò .... mi farà innamorare a prima vista."
5 Sai come si chiama la vicina .... ci ha prestato un po' di latte ieri sera?
6 La veterinaria, lo studio .... era vicino a casa nostra, si è trasferita dall'altra parte della città.

civiltà

Una delle agenzie pubblicitarie che ha fatto la storia della pubblicità in Italia è l'agenzia Armando Testa. L'agenzia, tuttora una delle più prestigiose in Italia e in Europa, è stata fondata nel 1946 a Torino dal grafico e cartellonista Armando Testa (Torino 1917-1992). Le immagini che seguono sono tratte dal sito www.armando-testa.it e fanno parte della serie di biglietti augurali per il nuovo anno disegnati dell'agenzia per i clienti e per gli internauti che vogliano spedirli agli amici per le feste.

1 Osserva attentamente ogni immagine e il titolo relativo e per ognuna scrivi una breve spiegazione dei giochi di parole e dei legami tra immagine e testo.

1991 - Espremiamoci di più -

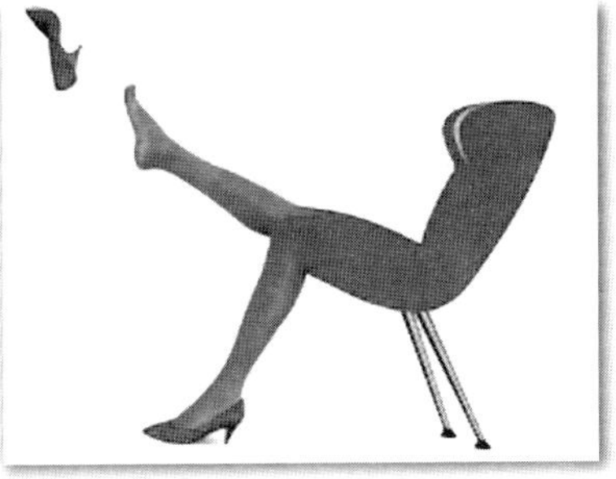

1993 - Fuori dai piedi 1993! Buonmillenovecentonovantaquattro -

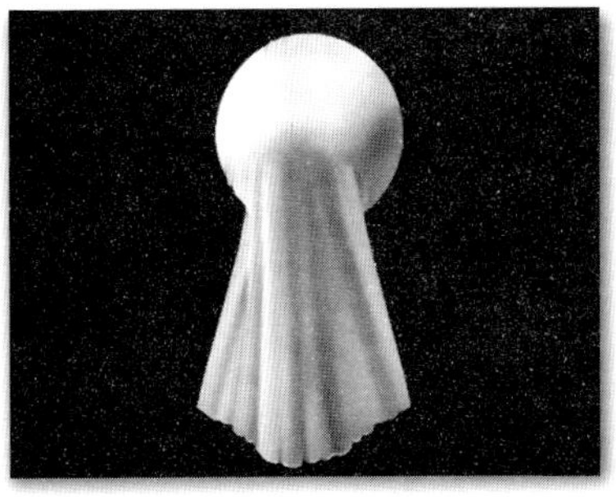

1994 - 1995 una sbirciatina al nuovo -

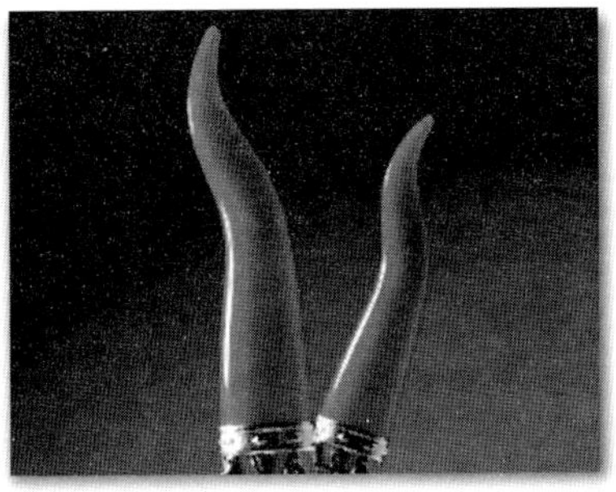

1995 - Il 1996 prendiamolo per le corna -

1998 - Auguri di gusto -

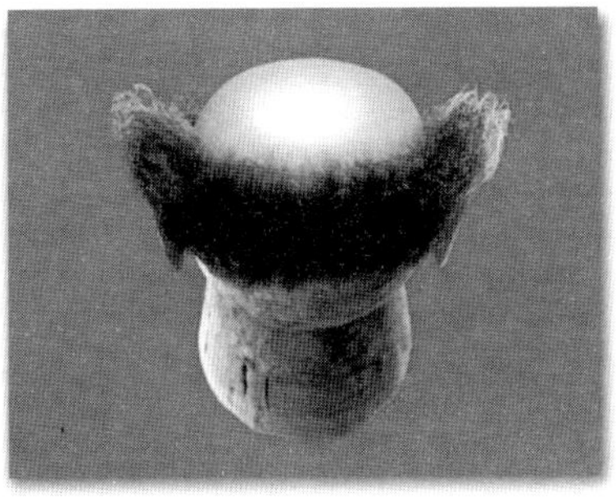

1999 - Buon Capo. D'Anno Millennium Bald -

1991 ....

....

1993 ....

....

1994 ....

....

1995 ....

....

1998 ....

....

1999 ....

....

leggere

1 Leggi l'articolo e riordina i paragrafi.

In campo no al razzismo

Dopo le bombe di Roma stasera Lazio-Juve con le magliette anti-violenza

[A] L'estrema destra ha usato gli stadi di calcio perché per anni sono stati i soli luoghi in cui si potessero esporre simboli nazifascisti senza rischiare nulla. Ha avuto visibilità, ha fatto reclutamenti non solo tra gli sbandati di periferia, alla ricerca di un simbolo e di un'identità, ma anche fra i figli di famiglie agiate. La certezza dell'impunità l'ha resa più forte e aggressiva, adesso può anche esercitarsi fuori dallo stadio, nelle città. Tanto, le telecamere che dovrebbero funzionare (allo stadio e nelle città) stranamente non funzionano mai. Ma c'è un'altra cosa che non funziona abbastanza, ed è la capacità d'indignarsi e di reagire da parte di tutti, dico tutti, non solo da parte degli ebrei o dei giocatori di pelle scura.

[C] E così racconto in breve di Gus Hiddink e Torsten Legat. Gus Hiddink, olandese, allenava il Siviglia. Vide una svastica in curva e fece annunciare dall'altoparlante: finché c'è quella bandiera, il Siviglia non gioca. La bandiera sparì. Negli spogliatoi dello Stoccarda, serie A tedesca, qualcuno affisse un disegno razzista contro l'africano Thiam. Non era firmato, lo Stoccarda sottopose tutti i giocatori a perizia grafologica e venne fuori che l'aveva scritto Torsten Legat, calciatore di una certa fama, contratto fino al 2001. Lo Stoccarda ha annunciato ieri che Legat sarà licenziato. Ecco, credo che un calcio maturo e responsabile queste cose le possa fare, ma è difficile pensare che in Italia chi getta baci e maglie e braghette alle amatissime curve sappia dissociarsi, condannarne gli eccessi. Con persone disposte al dialogo, il dialogo serve. Ma la vecchia tecnica delle tre scimmiette non è ancora passata di moda. Mentre si chiedono segnali forti ai terzini, ai presidenti, agli allenatori, ai ministri, alle tv, io chiedo un segnale normale a un milite ignoto. O una curva è vista come un campo minato in Bosnia, e allora lasciamo perdere, o certi simboli fuori legge chi rappresenta la legge deve andare a toglierli, e alla svelta. Perché i risultati di tanta tolleranza si cominciano a vedere e a sentire, in via Tasso e altrove.

[F] È un balzo avanti della strategia delle curve (mai criminalizzarle in blocco, stiamo attenti) di tante città italiane, in cui si fa buuh o si sventolano banane o s'impiccano fantocci per colpire i calciatori di pelle scura e si grida e si scrive ebrei ai tifosi avversari. I giornali continuano a pubblicare patetiche cartine in cui le curve degli stadi si dividono in rosse, nere e neutrali. È roba vecchia, sorpassata. La tradizionale curva rossa della Roma è diventata nera, molto nera. Non dipende dal numero di teste rasate, ma di coreografie ideate da teste vuote o piene di idee sbagliate. Le croci celtiche e le svastiche sono più numerose nella sud che dalla parte laziale.

[B] Il nostro calcio sta scoprendo una realtà che per anni ha negato. Si muove in ritardo, ma si muove. Forse perché anche all'interno dei club qualcuno ha capito che alcuni eccessi dei tifosi (non ultima la spedizione punitiva di lunedì su Formello) nascono dalla stessa intolleranza squadrista, e possono far male (anche fisicamente) alla squadra. Il ritardo, unito alla sottovalutazione del fenomeno (sono quattro gatti, li conosciamo, ci pensi la famiglia, la scuola, il governo, non sono ragazzi politicizzati, per loro la svastica è un simbolo come un altro) è una colpa. Il tifo estremo è stato coccolato e foraggiato dalle società di calcio per anni, e adesso è difficilmente governabile. Non si risolve il problema chiedendo sempre più poliziotti allo stadio, nelle stazioni ferroviarie, lungo i percorsi cittadini. L'educazione e la prevenzione possono far molto, non si discute, solo che siamo oltre il livello di guardia. Le bombe ultras, come sono state definite quella di via Tasso e quella davanti al cinema, hanno colpito obiettivi ideologici, non legati al tifo.

[D] Giovedì questo giornale ha pubblicato un'intervista di Fabrizio Caccia a un ultrà laziale, 28 anni, già militante neofascista nel Movimento politico occidentale disciolto (secondo la polizia) nel '93, ma secondo il suo fondatore Maurizio Boccacci (ovviamente solidale con i recenti bombaroli) per nulla disciolto. Il particolare interessante (e secondo me pericoloso) è che questo tizio ora fa il celerino di servizio allo stadio Olimpico e, a giudicare dalle sue tesi ("striscioni antisionisti, non antisemiti") altro non è che un estremista in divisa. Attento, però. Dice che al derby in curva c'erano anche una bandiera del Terzo Reich e una delle SS. Aberrante ma normale, e ci saranno finché uno o dieci poliziotti non andranno a toglierle.

[E] Al minaccioso fragore delle bombe neonaziste il calcio prova a rispondere con la voce della ragione. No all'antisemitismo, alla violenza, al razzismo c'è scritto sulle maglie che stasera i giocatori di Lazio e Juve indosseranno su quelle biancocelesti e bianconere, andando verso il centro dell'Olimpico. Non è moltissimo ma è già qualcosa. Va ricordato che anche nella scorsa giornata i capitani delle squadre avevano letto un messaggio contro razzismo e violenza, messaggio coperto dalle grida dei tifosi. Piccola violenza anche questa.

[Tratto da Repubblica 28 novembre 1999, di GIANNI MURA]

1	2	3	4	5	6

ascoltare

1 Ascolta l'intervista e prendi appunti.

2 Ascolta nuovamente l'intervista e poi scrivi un riassunto di quanto dice l'intervistato.

scrivere lessico grammatica

1 Lingua orale o lingua scritta?

Come avrai notato, lo stile di Gianni Mura è molto simile all'oralità: Mura scrive come se parlasse. È una cosa molto rara nella tradizione italiana, in cui lo scritto è sempre molto diverso dalla lingua parlata.

1 Da quale caratteristica linguistica deriva il senso di "parlato" di questo testo?
2 Prendi il primo paragrafo in alto e riscrivilo, trasformandolo in "lingua scritta".
3 Tornato in classe, confronta la tua versione con quella di altri compagni, discutendo le eventuali differenze.
4 È una questione di gusto, ma va comunque considerata: quale versione preferisci, quella "orale" o quella "scritta"? Giustifica alla classe la tua scelta.

civiltà

Gli italiani nel mondo

1 Leggi il brano che segue e completa la tabella:

Le tappe dell'emigrazione italiana all'estero	
Inizio	
Periodo di maggiore aumento	
Provenienza degli emigrati fino al 1880	Nord
	Centro
	Sud
Provenienza degli emigrati dopo il 1880	Nord
	Centro
	Sud
Provenienza degli emigrati nei primi anno del XX secolo	Nord
	Centro
	Sud
XX secolo	Emigrazione transoceanica
	Emigrazione continentale
Destinazioni	Emigrazione transoceanica
	Emigrazione continentale

La storia dei nostri connazionali, che per sfuggire alla miseria e alla disoccupazione emigrano all'estero alla ricerca di lavoro, inizia ancora prima dell'unificazione del nostro paese (1861) e raggiunge il culmine nel periodo che va dall'ultimo ventennio del 1800, fino all'inizio della Prima Guerra Mondiale.
In seguito si assiste a una ripresa del fenomeno che si riduce notevolmente durante il periodo fascista, per conoscere in seguito una ripresa, anche se in dimensioni più ridotte rispetto al passato, negli anni successivi al secondo conflitto mondiale.
Da non dimenticare è anche il grande flusso di emigrazione interna che negli anni '50 e '60 ha visto partire intere famiglie del Sud per destinazioni del Nord Italia.

Nell'immaginario collettivo di molti, la figura dell'emigrato è quasi sempre associata agli italiani del Sud che, per sfuggire a miseria e disoccupazione, sono partiti alla ricerca di un lavoro alla volta delle Americhe.
Quest'immagine corrisponde solo parzialmente al vero, infatti un aspetto sconosciuto alla maggior parte degli italiani di oggi è l'appartenenza regionale degli emigranti.

Fino agli anni 1880, l'80% degli emigranti era del Nord, il 7% del Centro e solo il 13% del Sud.
Dal 1880 e fino al 1925 dei 16.630.000 partiti per l'estero, il 50% era del Nord con 8.308.000 (di cui 3.632.000 veneti), 1.1819.000 (11%) del Centro e 6.503.000 (39%) provenivano dal Sud.
Nei primi anni del Regno d'Italia emigrano soprattutto abitanti delle regioni settentrionali, socialmente più progredite e con popolazione più numerosa.
Nelle regioni meridionali, meno densamente popolate, il fenomeno è per lungo tempo irrilevante. In questo primo periodo il fenomeno è lasciato a se stesso sotto il controllo e i relativi soprusi da parte di coloro che cercavano manodopera. La situazione migliora e le sopraffazioni degli speculatori cessano quando viene approvata una legge organica dell'emigrazione. Nei primi anni del XX secolo, assistita e organizzata, l'emigrazione italiana aumenta.

È soprattutto l'emigrazione dall'Italia meridionale e insulare che si sviluppa, giungendo a sorpassare quella dell'Italia settentrionale: 46% contro 41% dell'Italia settentrionale e 13% della centrale, su un totale di più di 8 milioni del periodo 1901-13. Ciò spiega anche l'assoluto prevalere, nel periodo, dell'emigrazione transoceanica sulla continentale (il 58,2% contro il 41,8%). Gli emigrati dall'Italia meridionale, prevalentemente addetti all'agricoltura e braccianti, costretti all'espatrio dalla povertà dei loro paesi erano disposti ad accettare qualsiasi lavoro e anche a stabilirsi definitivamente all'estero, nelle terre d'oltremare; al contrario, l'emigrazione dall'Italia settentrionale, più altamente qualificata e, in genere temporanea, era per lo più assorbita da paesi europei.
Tra i paesi di destinazione dell'emigrazione continentale, la Svizzera passa al primo posto superando la Germania, l'Austria e la stessa Francia; nell'emigrazione verso paesi d'oltremare si accentua invece il primato degli Stati Uniti, dove si dirigono, dal 1901 al 1913, oltre 3 milioni di italiani, contro i 951.000 dell'Argentina e i 393.000 del Brasile. Gli alti salari offerti dal mercato nordamericano, la maggiore facilità e rapidità di guadagni, consentita dalla grande industria degli Stati Uniti, assieme alla diminuzione delle terre libere nei paesi dell'America meridionale, concorrono a dirottare il flusso dell'emigrazione dall'Italia.

L'emigrazione europea tra Ottocento e Novecento

L'emigrazione fra Ottocento e Novecento non è stata però un fenomeno solamente italiano, ma si inserisce in un quadro migratorio di eccezionale ampiezza che ha coinvolto gran parte dell'Europa: si stima che non meno di 40 milioni di europei abbiano lasciato, tra il 1800 e il 1930, il vecchio continente per non farvi più ritorno. Tra le principali cause del flusso migratorio, oltre che nella pressione demografica che derivava dall'incapacità o impossibilità di un paese a espandersi a ritmi adeguati al grande aumento della popolazione, si possono elencare alcuni fattori che senza dubbio hanno contribuito notevolmente al fenomeno migratorio:

- la situazione economica delle zone d'immigrazione e delle terre di partenza;
- l'attrattiva esercitata dalle opportunità di arricchimento e di una sistemazione economico-sociale vantaggiosa (si pensi alla corsa all'oro, alle terre vergini, ecc.);
- il sistema dei trasporti che ha influenzato, assieme alla posizione geografica, tanto le zone di partenza che quelle di arrivo o di insediamento;
- i fattori politici, favorevoli o contrari all'emigrazione a seconda del perseguimento o meno di una politica espansionistica da parte delle nazioni di immigrazione;
- i fattori umani, quali l'esistenza di colonie o regioni o nazioni già a forte insediamento di nuclei di immigrati della stessa nazionalità.

ITALIANI EMIGRATI DOVE E QUANTI IN 140 ANNI

Anni	Francia	Germania	Svizzera	Usa-Canada	Argentina	Brasile	Australia	Altri Paesi
1861-1870	288.000	44.000	38.000	-	-	-	-	91.000
1871-1880	347.000	105.000	132.000	26.000	86.000	37.000	460	265.000
1881-1890	374.000	86.000	71.000	251.000	391.000	215.000	1.590	302.000
1891-1900	259.000	230.000	189.000	520.000	367.000	580.000	3.440	390.000
1901-1910	572.000	591.000	655.000	2.394.000	734.000	303.000	7.540	388.000
1911-1920	664.000	285.000	433.000	1.650.000	315.000	125.000	7.480	429.000
1921-1930	1.010.000	11.490	157.000	450.000	535.000	76.000	33.000	298.000
1931-1940	741.000	7.900	258.000	170.000	190.000	15.000	6.950	362.000
1946-1950	175.000	2.155	330.000	158.000	278.000	45.915	87.265	219.000
1951-1960	491.000	1.140.000	1.420.000	297.000	24.800	22.200	163.000	381.000
1961-1970	898.000	541.000	593.000	208.000	9.800	5.570	61.280	316.000
1971-1980	492.000	310.000	243.000	61.500	8.310	6.380	18.980	178.000
1981-1985	20.000	105.000	85.000	16.000	4.000	2.200	6.000	63.000
PARTITI	6.322.000	3.458.000	4.604.000	6.201.000	2.941.000	1.432.000	396.000	3.682.000
TORNATI	2.972.000	1.045.000	2.058.000	721.000	750.000	162.000	92.000	2.475.000
RIMASTI	3.350.000	2.413.000	2.546.000	5.480.000	2.191.000	1.270.000	304.000	1.207.000

TOTALE COMPLESSIVO

PARTITI 29.036.000
TORNATI 10.275.000
RIMASTI 18.761.000

leggere

1 Lettura veloce. Prova ad applicare la tecnica vista nel libro di classe. Segui i vari passi per contare il numero di parole. Poi leggi velocemente il testo, hai tre minuti di tempo. Alla fine conta quante parole hai letto. Ma ricorda: prima di iniziare rifletti un momento sul titolo. Secondo te di che cosa tratterà il testo?

la Repubblica/template

Indirizzo: http://www.repubblica.it/ › vai

Preferiti / Cronologia / Cerca / Raccoglitore / Contenitore pagine

laRepubblica.it

[Da www.repubblica.it 27.01.2000]

Vita da cavie

Alessandro l'ha fatto per soldi. Antonio ne ha approfittato per farsi un check up. Simone...
Vi raccontiamo come e perché gli italiani accettano il rischio

di **Margherita Fronte**

Sono le otto e mezza del mattino: in gruppetti di due o tre, oppure singolarmente, alcuni ragazzi entrano nel Dipartimento di farmacologia dell'Università di Torino. Si fermano per circa mezz'ora e poi escono con un foglio in tasca. Ritornano qualche giorno dopo e fanno un primo prelievo di sangue. La settimana seguente, se l'analisi è andata bene, all'ora stabilita si recano in collina, in una clinica privata gestita dalle suore domenicane. Non sono malati. Sono tutti studenti universitari. Non hanno bisogno di cure, eppure accettano di farsi ricoverare. Perché su di loro verranno sperimentati nuovi farmaci.

Nei giorni scorsi, il sasso nello stagno delle sperimentazioni dei farmaci sull'uomo è stato lanciato da un'inchiesta televisiva condotta in Svizzera. E l'opinione pubblica si è sollevata di fronte alle immagini di italiani che per poche lire si facevano ricoverare in una lussuosa clinica dove questa o quella casa farmaceutica conduceva la sperimentazione di un farmaco. Certo è che senza sperimentazioni non ci sono farmaci, e, se è vero che anche le terapie dagli importanti effetti collaterali (come ad esempio i chemioterapici o le molecole attive contro l'aids, tanto per citare le più eclatanti) o terapie nuove dagli effetti sconosciuti passano attraverso questa sperimentazione su soggetti sani (la cosiddetta fase 1), è anche vero che la maggior parte delle "cavie" si presta a trial clinici su farmaci parenti stretti di molecole ben note dai ben noti effetti, collaterali e non.

In Italia, i cosiddetti studi di fase 1, quelli in cui si sperimenta per la prima volta sull'uomo un farmaco i cui effetti sono stati studiati su animali, sono rarissimi, a causa delle complesse trafile burocratiche necessarie per ottenere le autorizzazioni. Per questo, «nella stragrande maggioranza dei casi, nel nostro paese i test si svolgono su farmaci che sono già in uso, e di cui si vuole cambiare la formulazione passando, per esempio, da una pillola a uno sciroppo», chiarisce Mario Eandi, del Dipartimento di farmacologia dell'Università di Torino, uno dei centri che coordinano questo tipo di studi. E, aggiunge Eandi, «Senza questo passaggio i prodotti non possono andare in commercio».

Le procedure seguite dai ricercatori sono stabilite dalle linee guida emanate dalla Comunità europea; non solo: ogni sperimentazione deve ricevere l'approvazione di un comitato etico, che ha anche il compito di verificare che le informazioni fornite ai volontari siano adeguate. «Non è che il rischio non esista, ma si tratta di un rischio minimo e ben conosciuto, sul quale chi si sottopone all'esperimento viene messo al corrente», prosegue il medico.

I ricercatori, dunque, non si scompongono: le sperimentazioni sono necessarie alla sanità pubblica e chi vi si sottopone se ne assume i rischi, che sono minimi, a fronte di un piccolo guadagno. E Nello Martini, direttore generale del Dipartimento valutazione medicinali e la farmacovigilanza del ministero della Sanità conferma: «Le sperimentazioni in Italia seguono le regole definite a livello internazionale. Regole stabilite anche per tutelare al massimo chi vi si sottopone. Queste sono garanzie ineliminabili». Vero? Lo abbiamo chiesto a quelli che hanno accettato di fare da cavie. E abbiamo scoperto che nessuno si sente tale. Ecco perché.

«Era un lavoretto semplice e poco impegnativo. Dovevamo prendere una pillola al mattino e farci prelevare il sangue durante la giornata. Per uno studente universitario perennemente al verde era un ottimo sistema per guadagnare qualche soldo», ricorda Alessandro F., torinese, che oggi ha 31 anni, è sposato e si occupa di commercio elettronico.

Anche Simone E. e Antonio A., torinese il primo e milanese il secondo, sono stati reclutati allo stesso modo. Antonio, che oggi è un ricercatore dell'Istituto Mario Negri di Milano, aveva 25 anni e studiava chimica e tecnologie farmaceutiche: «Era una cosa che si sapeva. Anche una mia amica lo ha fatto», ricorda. «Nel corso del primo incontro mi è stato consegnato un foglio che spiegava abbastanza dettagliatamente l'esperimento. Il farmaco in questione era un antistaminico di cui si voleva cambiare la formulazione. Non ho pensato che fosse pericoloso, ma mi ero preso la briga di verificare. D'altra parte per me era molto semplice. Il farmaco infatti era già in commercio: mi sono procurato la scheda tecnica e l'ho confrontata con quella che mi era stata fornita da chi conduceva l'esperimento. Le informazioni erano sovrapponibili (comprese quelle sugli effetti collaterali), e questo mi ha tranquillizzato. Inoltre, anche per curiosità mia, ho chiesto ai medici altri dati, che mi sono stati forniti». Una volta dato il consenso, i volontari sono sottoposti a un primo esame per verificare che i loro parametri siano nella norma. «Io dovevo sperimentare un anticoagulante», ricorda Alessandro, «non ho mai temuto che fosse pericoloso. Anzi, al contrario, ho pensato che fosse un'occasione per fare un check-up». I volontari, infatti, ricevono il referto delle analisi e possono avvalersi della consulenza dei medici che conducono la sperimentazione o di quella di altri specialisti se i risultati degli esami mostrano qualcosa di anomalo.

Anche per Simone, che oggi è un ingegnere e ha 28 anni, è stato lo stesso: «Ero certo di non correre rischi e ricordo che la scheda che mi è stata consegnata e in cui veniva spiegata la procedura dell'esperimento era molto dettagliata. Ero solo preoccupato dagli aghi: avevo una certa repulsione a farmi bucare il braccio, e sapevo che i prelievi, durante la giornata, sarebbero stati numerosi. All'inizio ci prelevavano il sangue ogni venti minuti, poi con il passare delle ore i prelievi sono diventati meno frequenti. Per il resto ero tranquillo e anche fra gli altri volontari l'atmosfera era distesa. Eravamo ricoverati in stanze da due, e ci siamo anche divertiti. Restavamo dentro per 12 ore, e poi andavamo a casa. La sperimentazione è durata tre giorni».

La procedura cambia a seconda del tipo di farmaco e delle informazioni che si vogliono ottenere. «Io non sono stato ricoverato" ricorda Antonio. "Non ho neppure avuto contatti con gli altri volontari. La sperimentazione si svolgeva all'Ospedale Niguarda di Milano. Sono andato al mattino e ho preso il farmaco. Poi, durante la giornata ho raccolto le urine e sono andato nei laboratori agli orari stabiliti per farmi prelevare il sangue. In tutto ho fatto tre prelievi. La settimana seguente dovevamo riferire ai medici se fossero comparsi effetti collaterali. A me non è successo nulla. Mi hanno pagato con un assegno di circa mezzo milione».

Non è un gran ché, ma i rischi per Antonio erano veramente bassi. Cosa accade, invece, a chi si sottopone ai test necessari per verificare molecole assolutamente nuove, mai utilizzate sull'uomo e di cui gli scienziati conoscono il potere terapeutico in laboratorio? In linea di principio la regolamentazione europea, e americana, li protegge obbligando gli sperimentatori a mille cautele e al massimo della trasparenza, e questo fa sì che spesso le case farmaceutiche vadano a sperimentare nei paesi del Terzo mondo dove i lacci e i lacciuoli non ci sono. Ma nessuno può negare che il rischio ci sia. E che ci sia un dilemma etico nel dover accettare che questo accada: senza sperimentazioni, niente farmaci.

Area Internet

2 Quanto hai capito? Prova a indicare se le affermazioni sono vere o false.

		Vero	Falso
1	Alcuni giovani vanno a farsi un controllo alla clinica ortopedica dell'Università di Torino e una settimana dopo a sciare in montagna.	☐	☐
2	L'opinione pubblica, grazie a un programma televisivo ha fatto esplodere uno scandalo perché nuovi medicinali venivano testati su cavie umane.	☐	☐
3	Studi su nuovi farmaci sono molto difficili da realizzare in Italia per problemi burocratici.	☐	☐
4	Chi accetta di sottoporsi a queste sperimentazioni ne conosce i rischi.	☐	☐
5	Per le sperimentazioni l'Italia segue regole molto strette, ma non riconosciute all'estero.	☐	☐
6	Tutti i volontari sono contenti degli sperimenti fatti su di loro.	☐	☐
7	Spesso le case farmaceutiche sperimentano nuovi farmaci nel terzo mondo perché gli esseri umani sono meno protetti dalle leggi.	☐	☐

scrivere

1 Rileggi ora con calma l'articolo, prendi appunti e poi scrivi un riassunto. Massimo 100 parole.

....

ascoltare

Ascolta l'intervista e rispondi alle domande.

1 Dove lavora il medico?
2 Da quanto tempo fa il medico di famiglia?
3 Che tipo di pazienti ha?
4 Che tipo di malattie presentano?
5 Cos'è successo alla vita media dei cittadini nei paesi avanzati come l'Italia?
6 Che malattie sono frequenti in inverno?
7 Che malattie sono frequenti in estate?
8 Che tipo di rapporto ha il medico di famiglia con i propri pazienti?

grammatica

1 Correggi gli errori dove necessario.

1 Se non ti vorrei bene non ti telefonerei tutti i giorni.
Se non ti volessi bene non ti telefonerei tutti i giorni.

2 Se avessi abbastanza soldi, domani partirei per le Maldive e abbandonassi tutto.
....

3 Se non sarei stanco, ieri sera sarei uscito con Manuela.
....

4 Se finisco questo corso prima dell'estate, posso fare l'esame per la certificazione della lingua italiana.
....

5 Se fosse piovuto ancora alcune ore, vari fiumi sarebbero straripati.
....

6 Se non mi accendessi la luce, non ci vedo più.
....

2 Completa le frasi con qualcosa che riguardi te stesso.

1 Se abitassi in Italia, mangerei spesso in pizzeria.
2 Se riuscirò a imparare bene l'italiano ....
3 Se ieri non fosse piovuto tutto il giorno ....
4 Se i miei genitori mi avessero potuto pagare un viaggio di studio in Italia ....
5 Se avessi saputo in tempo che tipo sei ....
6 Se vincessi al lotto ....
7 Non avrei scelto di studiare l'italiano ....
8 Ti avrei cucinato un'ottima cena cinese ....

3 Scegli l'indefinito corretto.

1 Non ho mai visto .... film di Pasolini.

Diversi, nessuno, niente, tutti

2 In Italia ci sono .... montagne e colline.

Nulla, molte, chiunque, ognuna

3 .... voglia andare all'estero deve avere la carta d'identità o il passaporto.

Nessuno, qualcosa, niente, chiunque

4 Tra Anna e Domenico c'è .... che non va

qualcuno, pochi, qualcosa, qualche

5 .... volta che va a teatro Patrizia si veste elegante.

ogni, qualsiasi, ognuno, chiunque

6 .... città italiana uno visiti, trova sempre qualcosa di interessante.

Varie, molte, parecchie, qualsiasi

7 .... di voi deve presentare una tesina sul Rinascimento italiano.

Nessuno, qualche, ogni, ognuno

lessico

Da dove viene la "cavia"? La cavia è originaria del Perù. In inglese si chiama Guinea pig, cioè "porcellino che viene dalla costa occidentale dell'Africa". In italiano la sua provenienza è più strana: puoi comprenderla solo se pensi che Cristoforo Colombo credeva di essere arrivato in …

1 Se vuoi sapere come si chiama il "porcellino" in italiano, completa lo schema con le parole che hai trovato in queste istruzioni:

Da dove viene la [4]?
La cavia è originaria [3] Perù.
In inglese si chiama [2] pig , cioè porcellino che viene dalla costa occidentale dell' [5].
[1] Colombo credeva di essere arrivato in …

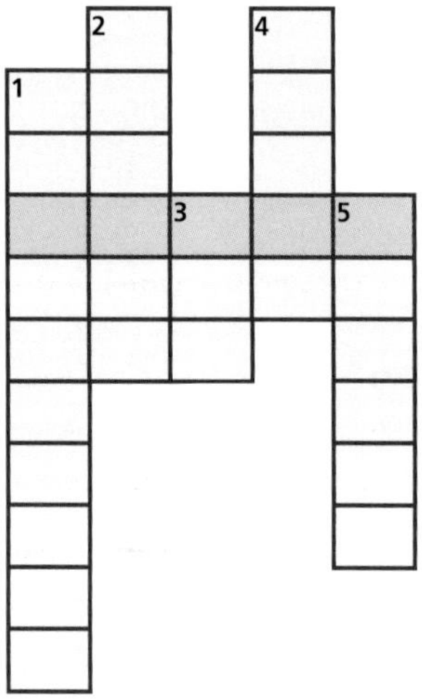

2 L'ultima sigaretta di Zeno. Italo Svevo pubblica *La coscienza di Zeno* nel 1923, a sue spese. Critica e pubblico lo ignorano – solo Joyce lo sostiene e lo mette in contatto con critici stranieri in grado di apprezzare questo capolavoro, che avrà quindi successo prima in Europa che in Italia. La pagina più celebre del romanzo è questa, normalmente chiamata "L'ultima sigaretta".

1 Leggi queste tre righe e di' se secondo te sarà l'ultima sigaretta. Da cosa deduci la tua risposta?	- Non fumare, veh! Mi colse un'inquietudine enorme. Pensai: "Giacché mi fa male non fumerò mai più, ma prima voglio farlo per l'ultima volta".
2 La sigaretta porta liberazione dall' ...., ma porta anche un aumento della .... bruciore alle .... e lo fa .... orribilmente. Secondo te, Zeno combatte contro la sigaretta o contro il padre? Ricorda che Svevo conosceva bene Freud!	Accesi una sigaretta e mi sentii subito liberato dall'inquietudine ad onta che[1] la febbre forse aumentasse e che ad ogni tirata sentissi alle tonsille un bruciore come se fossero state toccate da un tizzone[2] ardente. Finii tutta la sigaretta con l'accuratezza con cui si compie un voto[3]. E, sempre soffrendo orribilmente, ne fumai molte altre durante la malattia. Mio padre andava e veniva col suo sigaro in bocca dicendomi: "- Bravo! Ancora qualche giorno di astensione dal fumo e sei guarito!". Bastava questa frase per farmi desiderare ch'egli se ne andasse presto, presto, per permettermi di correre alla mia sigaretta. Fingevo anche di dormire per indurlo ad allontanarsi prima.
3 Leggi fino alla nota 6 e prova a predire se nelle righe successive Zeno ci annuncerà che ha smesso di fumare che ci sta ancora provando che non ci prova più.	Quella malattia mi procurò il secondo dei miei disturbi: lo sforzo di liberarmi dal primo. Le mie giornate finirono coll'essere piene di sigarette e di propositi di non fumare più e, per dire subito tutto, di tempo in tempo sono ancora tali. La ridda[4] delle ultime sigarette, formatasi a vent'anni, si muove tuttavia[5]. Meno violento è il proposito e la mia debolezza trova nel mio vecchio animo maggior indulgenza[6]. Da vecchi si sorride della vita e di ogni suo contenuto. Posso anzi dire, che da qualche tempo io fumo molte sigarette... che non sono le ultime.
4 Prima di leggere, prova a pensare se secondo te il problema di Zeno è la dipendenza dalla nicotina la mancanza di decisione, di volontà. **5** Dopo aver letto di' se la nicotina è la causa o l'effetto della "malattia" di Zeno, cioè la sua mancanza di decisione e volontà.	Sul frontispizio[7] di un vocabolario trovo questa mia registrazione fatta con bella scrittura e qualche ornato[8]: "Oggi, 2 Febbraio 1886, passo dagli studii di legge a quelli di chimica. Ultima sigaretta!!". Era un'ultima sigaretta molto importante. Ricordo tutte le speranze che l'accompagnarono. [...]. Purtroppo! Fu un errore e fu anch'esso registrato da un'ultima sigaretta di cui trovo la data registrata su di un libro. [...]. Adesso che son qui, ad analizzarmi, sono colto da un dubbio: che io forse abbia amato tanto la sigaretta per poter riversare su di essa la colpa della mia incapacità? Chissà se cessando di fumare io sarei divenuto l'uomo ideale e forte che m'aspettavo? Forse fu tale dubbio che mi legò al mio vizio perché è un modo comodo di vivere quello di credersi grande di una grandezza latente[9].

Nel testo di Svevo trovi un italiano distante dal nostro, non solo per il lessico (hai avuto un aiuto: le note!), ma per altre caratteristiche. Eccotene alcuni esempi: trova il corrispondente "antico" di queste frasi del testo trasformate in italiano "moderno".

L'italiano di Svevo	Il tuo italiano
	Finii tutta la sigaretta con la cura con cui si compie un voto.
	Ancora qualche giorno senza fumo e sei guarito.
	Bastava questa frase per farmi desiderare che lui se ne andasse.
	Fingevo anche di dormire per farlo allontanare.
	Il proposito è meno violento.
	Passo dagli studi di legge a quelli di chimica.
	Purtroppo! Fu un errore.
	Adesso che sono qui ad analizzarmi.
	Forse ho amato tanto la sigaretta.
	Chissà se smettendo di fumare.

[1] malgrado
[2] pezzo di carbone
[3] promessa a Dio di compiere qualcosa in cambio di una grazia ricevuta
[4] danza che sembra non smettere mai
[5] ancor oggi
[6] disponibilità a comprendere, perdonare
[7] prima pagina
[8] ornamento nelle lettere maiuscole
[9] nascosta

civiltà Medicina e religione

1 Leggi velocemente l'intervista alla dottoressa Buiatti e indica se le affermazioni seguenti sono vere o false. Hai due minuti di tempo.

Chissà perchè tu preghi e io guarisco

Oltre 40 ricerche pubblicate su riviste internazionali se lo chiedono. Superstizione? Una celebre epidemiologa lancia una provocazione

colloquio con Eva Buiatti
di Eugenia Romanelli

E se pregare facesse davvero bene alla salute? In fondo gli antropologi ci dicono che proprio la preghiera è la "terapia" più usata al mondo. E per capire se questo è dovuto solo alla mancanza di altre terapie (nei paesi poveri, ad esempio) o al conforto della vicinanza con Dio, come pensano i positivisti più rigidi, o se, invece, c'è qualcosa sotto, nell'ultimo anno sono state pubblicate ben 42 ricerche sull'argomento su riviste come la "Archives of Internal Medicine", il "South Medical Journal" e il "West Journal Medicine". In Italia si è incuriosita Eva Buiatti, medico epidemiologo, che ha innescato un dibattito. E ci ha detto come la pensa.

Dottoressa Buiatti, allora è vero che pregare può guarire le malattie?

«Non è stato ancora dimostrato scientificamente, ma gli studi che ho visto lasciano aperte molte possibilità in proposito».

Ossia?

«Uno studio pubblicato su "Archives of Internal Medicine" mostrava due diversi gruppi di malati di cuore, uno con amici e parenti che pregavano per la loro guarigione, l'altro no. Dopo un po' di tempo il primo gruppo presentava un miglioramento maggiore del secondo».

Dunque la preghiera funzionerebbe anche per interposta persona?

«Forse accade perché in genere chi ha qualcuno che prega per lui in qualche modo lo immagina e quindi si attiva un effetto placebo».

Anche per malattie gravi?

«Secondo alcuni studi, sì. Ma non credo che si tratti di un effetto magico o religioso, semmai emotivo. La mente è molto potente e la preghiera, non importa di quale Dio, è un atto volitivo forte che può attivare il desiderio di guarigione e la guarigione stessa».

È importante che i medici conoscano questi studi?

«Una volta stabilito un metodo rigoroso per misurare scientificamente il miglioramento di un paziente, non dobbiamo avere pregiudizi sull'origine e la causa che lo ha indotto».

Ma questa idea della medicina non appartiene alle terapie non tradizionali?

«Bisogna che la nostra medicina se ne riappropri. L'atteggiamento positivista-illuminista va conservato, certo, ma da sole le nozioni non bastano. Lo dimostra l'enorme attenzione che viene data alle altre medicine: è la gente stessa che lo chiede, essere ascoltata piuttosto che dissezionata in parti sane e malate».

Se l'accusassero di andare dietro a credenze popolari?

«La cultura popolare è un serbatoio di sapere preziosissimo anche se non organizzato. La scienza dovrebbe incuriosirsi invece che chiudersi».

Chi ritiene un interlocutore in questo dibattito?

«Ci sono molti ricercatori che la pensano come me. Mi è capitato di parlarne con Lorenzo Tomatis e con il coordinatore dell'Ordine dei Medici della Toscana Antonio Panti. Anche Giovanni Berlinguer, presidente del Comitato di Bioetica, ritiene fondamentale l'umanizzazione della medicina».

Come cambiare il nostro sistema di cura?

«Introducendo quegli elementi che si sono dimostrati scientificamente fattori migliorativi della salute, quali che siano. Per esempio se i degenti di un ospedale autorizzati a ricevere visite guariscono prima di altri che sono invece isolati, bisognerebbe aprire le porte delle degenze a amici e familiari».

Ma lei prega?

«Macché, io sono assolutamente agnostica. Ma percepisco un legame evidente tra corpo e mente e credo che per guarire un malato sia indispensabile tenere conto di questa relazione, senza agire solo sull'organo, sul dettaglio. I sintomi non sono staccati dall'individuo, ma ne fanno parte».

[da L'Espresso 02/08/200

	Vero	Falso
1 Secondo gli antropologi la preghiera è la terapia più usata al mondo.	☐	☐
2 Esistono prove scientifiche che dimostrano che la preghiera fa guarire.	☐	☐
3 L'emotività e la volontà sono i principali fattori che la preghiera mette in azione.	☐	☐
4 La preghiera non funziona per le malattie gravi	☐	☐
5 La medicina ufficiale deve prestare molta attenzione alle terapie non tradizionali.	☐	☐
6 Bisogna coinvolgere nelle cure anche i parenti e gli amici dei malati	☐	☐
7 Bisogna distinguere nettamente tra corpo e mente.	☐	☐

2 Rileggi il brano e scrivi un breve riassunto servendoti delle risposte all'attività precedente.

1 *I Promessi Sposi* di Alessandro Manzoni sono una delle opere principali della letteratura italiana. Si tratta di un romanzo storico. Leggi il brano tratto dal primo capitolo. Poi, dopo aver assaporato la lettura, con l'aiuto del dizionario cerca di capire cosa significano certe parole chiave. Non cercarle tutte, non è necessario.

Capitolo I

Quel ramo del lago di Como, che volge a mezzogiorno, tra due catene non interrotte di monti, tutto a seni e a golfi, a seconda dello sporgere e del rientrare di quelli, vien, quasi a un tratto, a ristringersi, e a prender corso e figura di fiume, tra un promontorio a destra, e un'ampia costiera dall'altra parte; e il ponte, che ivi congiunge le due rive, par che renda ancor più sensibile all'occhio questa trasformazione, e segni il punto in cui il lago cessa, e l'Adda rincomincia, per ripigliar poi nome di lago dove le rive, allontanandosi di nuovo, lascian l'acqua distendersi e rallentarsi in nuovi golfi e in nuovi seni. [...]

Il lembo estremo, tagliato dalle foci de' torrenti, è quasi tutto ghiaia e ciottoloni; il resto, campi e vigne, sparse di terre, di ville, di casali; in qualche parte boschi, che si prolungano su per la montagna.

Lecco, la principale di quelle terre, e che dà nome al territorio, giace poco discosto dal ponte, alla riva del lago, anzi viene in parte a trovarsi nel lago stesso, quando questo ingrossa: un gran borgo al giorno d'oggi, e che s'incammina a diventar città. Ai tempi in cui accaddero i fatti che prendiamo a raccontare, quel borgo, già considerabile, era anche un castello, e aveva perciò l'onore d'alloggiare un comandante, e il vantaggio di possedere una stabile guarnigione di soldati spagnoli, che insegnavan la modestia alle fanciulle e alle donne del paese, accarezzavan di tempo in tempo le spalle a qualche marito, a qualche padre; e, sul finir dell'estate, non mancavan mai di spandersi nelle vigne, per diradar l'uve, e alleggerire a' contadini le fatiche della vendemmia.

Dall'una all'altra di quelle terre, dall'alture alla riva, da un poggio all'altro, correvano, e corrono tuttavia, strade e stradette, più o men ripide, o piane; ogni tanto affondate, sepolte tra due muri, donde, alzando lo sguardo, non iscoprite che un pezzo di cielo e qualche vetta di monte; ogni tanto elevate su terrapieni aperti: e da qui la vista spazia per prospetti più o meno estesi, ma ricchi sempre e sempre qualcosa nuovi, secondo che i diversi punti piglian più o meno della vasta scena circostante, e secondo che questa o quella parte campeggia o si scorcia, spunta o sparisce a vicenda. Dove un pezzo, dove un altro, dove una lunga distesa di quel vasto e variato specchio dell'acqua; di qua lago, chiuso all'estremità o piuttosto smarrito in un gruppo, in un andirivieni di montagne, e di mano in mano più allargato tra altri monti che si spiegano, a uno a uno, allo sguardo, e che l'acqua riflette capovolti, co' paesetti posti sulle rive; di là braccio di fiume, poi lago, poi fiume ancora, che va a perdersi in lucido serpeggiamento pur tra' monti che l'accompagnano, degradando via via, e perdendosi quasi anch'essi nell'orizzonte.

Il luogo stesso da dove contemplate que' vari spettacoli, vi fa spettacolo da ogni parte: il monte di cui passeggiate le falde, vi svolge, al di sopra, d'intorno, le sue cime e le balze, distinte, rilevate, mutabili quasi a ogni passo, aprendosi e contornandosi in gioghi ciò che v'era sembrato prima un sol giogo, e comparendo in vetta ciò che poco innanzi vi si rappresentava sulla costa: e l'ameno, il domestico di quelle falde tempera gradevolmente il selvaggio, e orna vie più il magnifico dell'altre vedute. Per una di queste stradicciole, tornava bel bello dalla passeggiata verso casa, sulla sera del giorno 7 novembre dell'anno 1628, don Abbondio, curato d'una delle terre accennate di sopra: il nome di questa, né il casato del personaggio, non si trovan nel manoscritto, né a questo luogo né altrove.

2 Nel testo ci sono molte parole tronche. Cerca di immaginare cosa significano, anche per un italiano sono "strane".

3 Leggi nuovamente il testo e completa la tabella.

Com'è descritto il paesaggio?	Come sono descritti i potenti, gli spagnoli?

4 Metti in ordine la sintesi della storia che inizia la sera del 7 novembre 1628.

a Ma il potente non cambia idea; anzi, progetta il rapimento della ragazza. I fidanzati devono fuggire la notte del 10 novembre.

b Don Abbondio, parroco di un paesino sulle colline presso Lecco, viene minacciato dai bravi di don Rodrigo, affinché non celebri il matrimonio fra Renzo e Lucia. I malviventi, al servizio del signorotto, sanno incutere una gran paura al curato che, l'indomani, convince lo sposo a rimandare la cerimonia.

c Ottenuta la nuova promessa di Lucia, Renzo torna al paesello per preparare le nozze: un violento acquazzone fa terminare il contagio. I due giovani si riuniscono al paesello e, finalmente, don Abbondio celebra le nozze. Risolti tutti i problemi, compresa la pendenza con la giustizia relativo al tumulto di San Martino, la famigliola si trasferisce a Bergamo. La storia finisce serenamente.

d I due giovani cercano una soluzione: Renzo va a Lecco per chiedere aiuto all'avvocato Azzeccagarbugli, Lucia spera nell'intervento di Padre Cristoforo, un cappuccino che non esita ad affrontare don Rodrigo.

e Nel frattempo Renzo arriva a Milano e si fa coinvolgere nei disordini scoppiati in seguito alla scarsità di pane. A stento sfugge alla polizia, che lo crede responsabile dei disordini, e raggiunge il cugino Bortolo a Bergamo, dove lavora in un filatoio, sotto falso nome.

f Qui la narrazione si divide: la storia di Lucia porta il lettore in un convento di Monza dove la ragazza trova protezione presso una potente monaca, di cui l'autore ci racconta la storia. Successivamente Lucia viene rapita dal convento, con la complicità della suora, e portata in un castello sul confine con il territorio veneziano; è in quest'occasione che fa un voto alla Madonna: rinunciare a Renzo in cambio della salvezza.

g Renzo si ammala, ma guarisce e decide di tornare in cerca di Lucia. La trova al *lazzeretto*, un centro di raccolta degli appestati di Milano: anche lei ha preso la peste, ma l'ha superata e ora è convalescente e assiste una ricca vedova di Milano. Nel *lazzeretto* si trova anche don Rodrigo, è malato, ma la sua situazione non lascia sperare in una guarigione. Non lasciano sperare neanche le condizioni di Fra' Cristoforo che assiste i malati: a lui si rivolge Renzo per la questione del voto, che viene cancellato perché non valido in quanto fatto in condizione di pericolo.

h Lì il rapitore, l'Innominato, un potente malfattore che ha voluto assecondare don Rodrigo, commosso dalla ragazza, decide di cambiare vita: già da tempo si sentiva stanco di commettere delitti e violenze. Alla "conversione" lo aiutano anche le buone parole dell'Arcivescovo di Milano Federigo Borromeo. Lucia, liberata, trova ospitalità presso la nobile famiglia milanese di don Ferrante e donna Prassede.

i Trascorre così un anno. Nel 1630 le truppe imperiali dei lanzichenecchi scendono in Italia, attraversano il ducato di Milano, per andare a occupare Mantova: infatti è in corso la guerra dei trent'anni, che coinvolge molti stati europei. Le truppe diffondono la peste che uccide migliaia di persone e mette in ginocchio la ricca e prosperosa Milano.

b								
1	**2**	**3**	**4**	**5**	**6**	**7**	**8**	**9**

[Adattato da http://www.ciaoweb.net/letteratura/Manzo/intpro.htm]

ascoltare **leggere** **scrivere**

1 Ascolta la poesia *La Madre* di Giuseppe Ungaretti e segui il testo.

La madre *(1930).*

E il cuore quando d'un ultimo battito
Avrà fatto cadere il muro d'ombra
Per condurmi, Madre, sino al Signore,
Come una volta mi darai la mano.

In ginocchio, decisa,
Sarai una statua davanti all'Eterno,
Come già ti vedeva
Quando eri ancora in vita.

Alzerai tremante le vecchie braccia,
Come quando spirasti
Dicendo: Mio Dio, eccomi.

E solo quando m'avrà perdonato,
Ti verrà desiderio di guardarmi.

Ricorderai d'avermi atteso tanto,
e avrai negli occhi un rapido sospiro.

[Da http://www.avnet.it/itis/ungaretti/frp_audi.htm]

2 Ora rileggi la poesia *La Madre*. Di che cosa tratta?

3 Ecco altre due poesie di Ungaretti. Sono molto brevi. Prova a utilizzare tutti gli strumenti utili per comprenderle: osserva le indicazioni dei luoghi, le date, il titolo, oltre ovviamente al testo. Scrivi la tua interpretazione.

SOLDATI
*Bosco di Courton,
luglio 1918*

Si sta come
d'autunno
sugli alberi
le foglie

MATTINA
*Santa Maria La Longa
il 26 gennaio 1917*

M'illumino
d'immenso

[Da Giuseppe Ungaretti, L'Allegria, in *Vita di un uomo*. A cura di L. Piccioni, Milano, Rizzoli, 1972]

Soldati:

Mattina:

civiltà

1 Osserva la statistica e indica:

a cosa accade alla lettura con l'avanzare dell'età;
b chi legge di più, gli uomini o le donne.

numero di lettori in Italia, per sesso e numero di libri letti

(Composizione percentuale)

Numero di libri letti	Maschi	Femmine	Maschi e Femmine
Da 1 a 3	31,8	29,5	30,5
Da 4 a 6	28,6	29,0	28,8
Da 7 a 12	23,0	23,9	23,5
Da 13 a 30	11,6	12,2	12,0
Da 31 in poi	2,4	2,9	2,7

2 La prossima tabella indica il numero di lettori in Italia per genere e sesso. Le percentuali confermano che le donne leggono di più degli uomini. Scrivi alcune tue riflessioni sul perché secondo te le donne leggono di più e sulle differenze di genere tra donne e uomini.

numero di lettori in Italia, per genere e per sesso

(Composizione percentuale)

Genere	Maschi	Femmine	Maschi e Femmine
Romanzi italiani	41,2	56,3	49,7
Romanzi stranieri	31,1	41,3	36,9
Gialli, polizieschi	27,9	24,8	26,1
Scienze umane	28,0	19,5	23,2
Libri per la casa, cucito, bricolage...	6,3	33,1	21,5
Saggistica	23,4	18,3	20,5
Libri umoristici	21,2	17,4	19,1
Guide turistiche	22,2	16,6	19,0
Libri a fumetti	21,8	13,2	16,9
Romanzi rosa	1,9	27,1	16,2
Libri per bambini e ragazzi	12,0	16,9	14,8
Hobbistica e tempo libero	16,6	10,7	13,3
Fantascienza	16,7	9,5	12,6
Libri d'arte, musica, cinema, foto	15,7	9,8	12,4
Scienze naturali	18,8	5,9	11,5
Libri di religione	9,1	12,7	11,1
Manuali pratici	12,8	5,3	8,5
Libri di informatica	13,8	3,3	7,8
Libri in omaggio da periodico o quotidiano	22,5	23,5	23,1
Libri a 1.000 lire	24,4	26,9	25,8

[Tratto da *Il libro dei fatti 1999*, Adnkronos libri]

lessico

Riflettere sui nomi può essere non solo interessante per rintracciare le origini delle famiglie o l'identità che una persona vuole crearsi nel caso di uno pseudonimo, ma anche per aiutare a ricordare meglio...

1 Scrittori italiani: che strana gente! Pensa che alcuni sono animali o ci lavorano...

1 uno scrittore che hai appena letto sopra è un giovane bue, un grande manzo:
2 nell'Unità 1 Brizzi parla di un poeta che sembra una belva della savana:
3 nell'unità 3 si parla di uno scrittore che lavora con i cammelli:
4 l'autore della *Gerusalemme liberata* era una grosso topo che sta sottoterra:

Altri hanno capelli strani o scarsi...

5 ha pochi capelli, oppure è un signore pelato e piccolo; l'hai letto sopra:
6 cantante (ne parla Brizzi, unità 1): i capelli non sono mori o biondi ma ...

Altri vengono da posti lontani...

7 questo poeta, che hai appena letto, viene dall'Ungheria:
8 lo scrittore dell'unità 6 viene dal cuore della Germania:
9 ...ma il buon parroco dell'unità 1 viene da una grande città italiana:

grammatica

1 Trasforma le frasi usando il futuro nel passato.

1 Penso che sarebbe meglio mangiare in un ristorante e non in una pizzeria....
.... ieri sera.
2 Non sappiamo se Penelope verrebbe alla tua festa di compleanno.
Non sapevamo ....
3 Siamo nei guai con il trasloco, ma non sappiamo se i nostri amici ci aiuterebbero a pitturare la casa.
Eravamo nei guai con il trasloco, ma non sapevamo ....
....
4 Credo che la mamma ci presterebbe un po' di soldi se ne avessimo bisogno.
Credevo..

2 Completa con il verbo al passato remoto o al trapassato remoto.

1 Dopo che ....furono spente......... (*spegnere*) le luci in sala, nessuno ......parlò.... (parlare) più.
2 Non appena .... (*comprare*) lo stereo per la macchina, me lo .... (*rubare*).
3 Non appena il presentatore .... (*pronunciare*) il suo nome, il vincitore della serata .... (*mettersi*) a piangere.
4 Dopo che .... (*leggere*) la notizia sul giornale, il ministro .... (*capire*) che doveva dimettersi.
5 Dopo che i lavoratori .... (*ricevere*) un premio di produzione inaspettato, ... (*capire*) che la crisi della fabbrica era superata.
6 Quando Elisa e Virginia .... (*terminare*) con successo l'esame di maturità, ... (*decidere*) di partire per una lunga vacanza.

leggere **ascoltare**

1 Ascolta la lettura del brano tratto da *Metello* di Vasco Pratolini e leggi il testo.

La lotta (Capitolo XVI)

Ora quanto avrebbero resistito? Uno sciopero è come un assedio: si tratta di durare, inerti e vigili, fino ai giorni che preludono la sortita. O la capitolazione. Trascorse altre due settimane, si era vicini a luglio e la situazione non era mutata, se non in peggio. Quello che per i muratori continuava ad essere uno sciopero, il più lungo ch'essi avessero mai affrontato, i padroni lo consideravano adesso una serrata.

[...] a fine settimana, si era riusciti "a far le finte di spartire dei salari". Quegli operaj delle officine avevan portato altre centotré lire, sessanta le sigaraje, e più consistente era stato, al venticinquesimo giorno, l'aiuto dei lavoratori di Doccia. Era venuto il sindaco di Sesto in persona, Fortunato Bietoletti, del resto anche lui ceramista della Richard–Ginori, a consegnare le 296 lire. *Il Muratore*, infine, che si stampava a Torino, aveva annunciato una sottoscrizione, per loro di Firenze e per quelli di Livorno e di Bari. Ora si sarebbe visto se Borghesio e Tian e Cortiello e Salvatori si ricordavano coi fatti di Firenze e di Gemignani, essi che avevano riscosso netti cinque salari durante l'ultimo mese. Il denaro dei ceramisti e delle sigaraje era stato distribuito il quarto sabato sera. Ciascuno aveva denunciato il proprio stato di famiglia, e senza badare alle qualifiche di mestiere, si era divisa la somma "secondo le bocche". E come in casa di Olindo o di Duili erano in sei, e Aminta aveva la moglie e due ragazzi, Aminta aveva avuto quattro parti e Duili e Olindo sei. E Lippi due, poiché aveva a carico la sua vecchia; e una Renzoni nipote che contava per sé solo. Questo, che era sembrato il miglior modo di operare secondo giustizia, ora aveva sollevato i primi malumori. Un neonato, si cominciò a dire, con che criterio lo si può considerare alla pari di un ragazzo di sette o otto anni che vuoterebbe la dispensa se la dispensa fosse da vuotare? E poi, chi aveva la moglie che faceva i bucati, o la treccia, o teneva baliatico addirittura, non si trovava sicuramente nelle stesse condizioni di coloro la cui donna, impegnata tutta la giornata dalla casa e dai figlioli, non era in grado di portare alcun aiuto. Quando poi il piccolo Renzoni rinnovò la sua richiesta per le spuntature da regalare al nonno, un ex primomuratore dopo tutto, ch'era stato quaranta anni sui "ponti" e doveva appoggiarsi al bastone, venne messo a tacere da una manata tra collo e cervelletto, che mezzo lo stordì e della quale non seppe mai chi ringraziare. Com'era stata anonima cotesta pacca, anonime, borbottate, si levavano le proteste. "La Giustizia morì vergine, e non c'è socialismo capace di farla rinvivire" era la mormorazione più bonaria. Che non ancora investiva i capi, ma in certo senso vi alludeva. Ed ora, giunti al martedì della sesta settimana, tutti sapevano che il prossimo sabato non ci sarebbe stato nemmeno una o due lire a testa da dividersi. Neanche la manifestazione ch'essi avevano inscenato, non sui cantieri né davanti alla Prefettura, ma sotto le finestre dell'Associazione, era valsa a qualcosa. Si erano mantenuti calmi, bastando la loro presenza e i loro visi a rendere eloquente il significato di cotesto assembramento, ma ugualmente avevano trovato un sergente e tre fanti che gli avevano spianato contro i fucili; e dinanzi alla loro immobilità e al loro silenzio, erano indietreggiati e avevano chiuso il portone. Poco dopo, chissà come avvisata, era apparsa una compagnia intera, in assetto di guerra, e li aveva dispersi. Qual che c'era da spremere era stato spremuto. Gli operaj di fabbrica e le sigaraje, e i ceramisti non erano più in grado di aiutarli. La solidarietà di classe è l'undicesimo comandamento ma poi, all'entusiasmo subentra l'assuefazione.

[...] Finita la mietitura e i lavori occasionali che potevano aver trovato, era per tutti la disperazione a cacciarli dalle case e dai paesi. Dall'alba al tramonto, nessuno più mancava "a reggere i muri" di corso de' Tintori; e in ciascuno di essi, anche nei più persuasi e che per primi avevano alzato il braccio il giorno in cui si era deciso lo sciopero, forse proprio per questo, c'era la sensazione di essersi come imprigionati con le proprie mani. Indugiavano fino a sera sulle panchine di Santa Croce, in piazza Cavalleggeri e dirimpetto la caserma, tra via de' Malcontenti che ora si poteva ben dire la loro strada, e via de' Macci, via delle Conce e de' Conciatori. Cercavano di distrarsi guardando il fiume; c'era sempre chi faceva il bagno e chi pescava; o interessando ai casi loro quei tintori e quei marmisti che venivano sulle porte dei laboratori. Si spingevano a conversare coi conciatori, nelle due viuzze strette dove l'odore delle pelli stagnava nell'aria e bisognava farci l'abitudine. Tutti gli davano ragione: e una cicca di toscano, una mescita, un pezzo di pane: non erano delle elemosine, erano delle offerte da pari a pari. Adesso, anche costoro avevano incominciato a giudicarli. "Non vi verrà a costare un po' caro?" "Se continuate a perdere lavoro nella buona stagione, quest'inverno davvero vi troverete con le pezze al sedere." Parlavano bene, c'erano dei socialisti tra di loro. "Vi siete ricoperti d'onore. Se ora sventolate il fazzoletto, nessuno vi potrà rimproverare di aver mancato di carattere." Di carattere, d'onore? Di debiti, si ricoprivano, e nemmeno, le donne non trovavano più un fornajo o un pizzicagnolo che gli aprisse un conto nuovo. Scappare di casa, al mattino, significava sottrarsi a una vergogna, e al pericolo, per chi ci riusciva, di alzar le mani sulla moglie e i figlioli: col cuore stretto, e la testa in fiamme, era il solo modo che gli restava di imporre un'autorità, una ragione.

[Da: Vasco Pratolini, *Metello*, Milano, Mondadori, 1971]

2 Rileggi il testo e sottolinea le parole che indicano diversi mestieri. Poi cercane il significato sul dizionario. Diversi di questi sono mestieri "antichi" che nella società moderna sono ormai scomparsi.

3 Leggi ancora una volta il testo e rispondi alle domande.

1 Di cosa tratta il brano?
2 Dove e quando è ambientato?
3 Chi sono i protagonisti?

grammatica

1 Completa le frasi con un verbo del riquadro.

1 Ti ....chiedo.......... per favore di smettere di fumare.
2 Mi .... spesso di volare sopra la mia città in un dirigibile.
3 .... di mangiarmi una buona pizza.
4 Andrea, ti .... di portarmi le foto che abbiamo fatto in India?
5 .... che sia stato il mio cane a mordere il tuo. È così buono!
6 .... di raccontarmi bugie. So tutto!
7 Non .... di vedere i deboli maltrattati dai forti.
8 .... di essere stato in Via Mazzini ieri sera al momento della rapina. Ero a casa mia.

| *dubitare, avere voglia, negare, immaginare, evitare, ricordare, chiedere, tollerare* |

2 Completa le frasi con un verbo tra quelli visti nel libro di classe, e una preposizione, se necessario.

1 Silvia, mi ....accompagni.......... fare le analisi? Non voglio andarci da sola.
2 Spesso (noi) .... guardare le partite della Nazionale italiana.
3 Ieri Saverio .... dire a sua moglie di andarsene da casa.
4 Complimenti, mi .... comprare un nuovo computer.
5 Tom non .... ricordarsi quando ha lezione.
6 Mi .... scherzare con i miei studenti.
7 Paola, vuoi che ti .... portare in casa la spesa?
8 Ieri sera mi .... lavorare alle dieci, ma ero troppo stanco e mi si chiudevano gli occhi.

3 Scrivi delle frasi che riguardano te stesso usando il comparativo di uguaglianza.

1 ....
2 ....
3 ....
4 ....
5 ....
6 ....
7 ....
8 ....

civiltà I giovani e la politica in italia

1 Leggi il brano e traccia una breve storia dell'impegno politico dei giovani italiani negli anni '90 seguendo lo schema proposto.

Da zero a 20, passando per il 30 & lode

I giovani, la società e la politica dagli anni Ottanta ai Novanta e fino alle soglie del Duemila

E dunque, eccolo, il tema, sempre quello, d'altronde: i giovani, la politica e l'impegno che non c'è. Dopo una nuova fiammata di discussione sulla questione, oggi di "giovani e politica" non si parla quasi più. Casomai si parla e si discute di "orientamento al voto" dei giovani.
Che nelle ultime due tornate elettorali, quelle che si sono svolte con il sistema elettorale maggioritario, per intenderci, li hanno visti votare per lo più per il centro-destra, mentre - e non a caso - il centro-sinistra ha registrato le sue migliori *performance* al Senato, dove possono votare i cittadini che hanno più di 25 anni. Morale: che fine hanno fatto "i giovani"? Quelli "impegnati", s'intende.
Persi nei racconti dei loro "fratelli maggiori" sul Sessantotto e dintorni? Fuggiti e rifugiatisi nella "retorica del disimpegno" senza essere mai passati per l'impegno, come i ragazzi degli anni Ottanta? Illusi e disillusi nel volgere di qualche brevissimo arco temporale - breve almeno quanto si addica a un giovane - da movimenti che sembravano sul punto di esplodere e di fecondare, come avvenne col movimento degli studenti del 1985 e anche degli anni Novanta, per non dire della "Pantera"?
Ecco, appunto, la "Pantera", il movimento degli studenti - questa volta universitari - che mise a soqquadro, o almeno così molti pensarono, gli atenei italiani nel biennio 1990-1991.
Gli studenti si scagliavano contro una riforma universitaria, che voleva "privatizzare" gli atenei (cosa che, poi, puntualmente e recentemente è avvenuta).
Da allora in poi, però il nulla o quasi, se non le solite trite e ritrite discussioni sull'universo giovanile, i "bisogni" dei giovani, i giovani che non votano più, i giovani che tutt'al più corrono troppo veloci in auto (stragi del sabato sera), bevono e/o si drogano (in discoteca, ai "rave", tra amici, ma perfino nelle aule di scuola), che derubano, picchiano o persino uccidono i propri genitori. Certo, il ciclone Mani Pulite e Tangentopoli, che attraversò come un fulmine a ciel sereno la politica italiana, stravolgendola e abbattendone il consolidato sistema dei partiti, venne vissuto e interpretato, in prima persona, anche da "dei" giovani.
Ma il grosso dell'universo giovanile "restò a casa", non partecipò né si compromise. Del resto, anche molti giovani considerati "laici e di sinistra" cominciarono a infittire e a dare sempre maggiore linfa alle organizzazioni di volontariato e solidaristiche sia ambientaliste, come Wwf, Legambiente e Italia nostra, sia di solidarietà internazionale, come le Ong, sia di lotta alle tossicodipendenze e Aids, come Lila e gruppo Abele, sia di aiuto e sostegno a immigrati, nomadi e rifugiati politici.
Imitando o lavorando, sotto questo profilo, fianco a fianco dei giovani da sempre impegnati nel volontariato cattolico, da quello più classicamente rivolto all'assistenza ad anziani, portatori di handicap e tossicodipendenti a quello anch'esso "nuovo" e operante nel settore del cosiddetto "volontariato sociale", che aiuta e conforta le nuove povertà come gli sbarchi degli immigrati (Caritas, Croce rossa, gli scout e le parrocchie di ogni città), terreni sui quali anche la sinistra - in particolare quella sindacale della Cgil ha provato a cimentarsi (Nero e non solo).
E i giovani di centrodestra, in questo panorama, dove e chi sono? Un universo ancora ignoto, in parte, in parte emulo del mondo degli adulti, come i giovani di Forza Italia (Forza Giovani), in parte serio e radicato, come dimostra la buona salute e creatività loro, ma anche dei Giovani Padani (Lega Nord) o l'ancora poderosa macchina organizzativa di Azione Giovani (l'ex Fronte della Gioventù), oggi l'organizzazione giovanile di An, ieri dell'Msi. E i giovani neo-liberali, apartitici e forse apolitici, per come s'intendeva la politica ieri, ma polisti doc oggi.
E dall'altra parte? Vestigia di un grande passato e poco più. Gli eredi di due nobili e antiche tradizioni, quella della Fgci, la storica organizzazione giovanile del Pci, fucina di quadri e dirigenti del partito per decenni, i "nipotini del '68", ma sicuramente anche del "77" e delle loro travagliate esperienze. Dove sono finiti oggi? In parte sono diventati classe dirigente, anche rinnegando se stessi e la loro storia, in parte si sono divisi nei molti rivoli nei quali è oggi frantumato il centro-sinistra, dai Ds (con la Sinistra giovanile) ai Comunisti italiani, dai Giovani socialisti, ai Giovani comunisti di Rifondazione comunista fino agli ormai ex Giovani Verdi e ai Giovani Popolari, che con la sinistra c'entrano poco o nulla, ma col centro c'entrano molto. [...]

Ettore Colombo

[ridotto da www.polix.it]

MSI: Movimento Sociale Italiano. Partito fondato nel 1946 da ex-fascisti della Repubblica Sociale Italiana (1943-1945). Nel 1994 è confluito nel partito di Alleanza Nazionale e si è formalmente sciolto nel 1995.

AN: Alleanza Nazionale. Partito fondato nel 1994 con lo scopo di costituire una destra di governo. Raccoglie esponenti e gruppi dell'area conservatrice, laici e cattolici.

FGCI: Federazione Giovani Comunisti Italiani. Organizzazione dei giovani del **PCI**, Partito comunista Italiano fondato nel 1921. Nel 1990-91 si trasforma nel **PDS**, Partito Democratico della Sinistra; dal 1998 si chiama **DS**, Democratici di Sinistra, partito dei progressisti di sinistra.

Partito della Rifondazione Comunista: fondato nel 1991 dalla minoranza del PCI fedele all'eredità comunista.

Giovani Padani: associazione dei giovani della **Lega Nord**, movimento nato nel 1991 e che promuove una riforma federale dello stato e spinte secessioniste (distacco dell'Italia del nord dal resto del paese).

Forza Italia: movimento politico di centro-destra fondato da Silvio Berlusconi nel 1993. Nel 1998 si è trasformato in partito.

La "Pantera"	
I giovani dopo "la Pantera", ai tempi di "Tangentopoli" e "Mani pulite"	
I giovani e le organizzazioni del volontariato	
I giovani del centrodestra	
I giovani del centrosinistra	
Il voto dei giovani nei risultati delle ultime elezioni con il sistema maggioritario.	

1 Leggi i testi delle canzoni e scrivi un breve riassunto di ciò che raccontano.

CERTE NOTTI *

Certe Notti la macchina è calda
e dove ti porta lo decide lei.
Certe notti la strada non conta
e quello che conta è sentire che vai.
Certe notti la radio che passa Neil Young
sembra avere capito chi sei.
Certe notti somigliano a un vizio
che non voglio smettere, smettere mai.
Certe notti fai un po' di cagnara
che sentano che non cambierai più.
Quelle notti fra cosce e zanzare
e nebbia e locali a cui dai del tu.
Certe notti c'hai qualche ferita
che qualche tua amica disinfetterà.
Certe notti coi bar che son chiusi
al primo autogrill c'è chi festeggerà.
E si può restare soli, certe notti qui,
che chi s'accontenta gode, così così.
Certe notti o sei sveglio,
o non sarai sveglio mai,
ci vediamo da Mario prima o poi.
Certe notti ti senti padrone
di un posto che tanto di giorno non c'è.
Certe notti se sei fortunato
bussi alla porta di chi è come te.
C'è la notte che ti tiene tra le sue tette
un po' mamma un po' porca com'è.
Quelle notti da farci l'amore
fin quando fa male fin quando ce n'è.
Non si può restare soli, certe notti qui,
che se ti accontenti godi, così così.
Certe notti son notti o le regaliamo a voi,
tanto Mario riapre, prima o poi.
Certe notti qui, (3 v)
Certe notti sei solo più allegro,
più ingordo, più ingenuo e coglione che puoi
quelle notti son proprio quel vizio
che non voglio smettere, smettere, mai.
Non si può restare soli, certe notti qui,
che chi s'accontenta gode, così, così.
Certe notti sei sveglio o non sarai sveglio mai,
ci vediamo da Mario prima o poi.
Certe notti qui, certe notti qui, certe notti qui.

Luciano Ligabue

nasce a Correggio nel 1960 e rappresenta oggi l'esponente principale, insieme a Vasco Rossi, del rock italiano. Nel 1996 Ligabue pubblica il suo primo album live, registrato durante i concerti della precedente tournée: "*Su e giù da un palco*" da cui è tratta "*Certe notti*" raccoglie così per la prima volta tutte le più belle canzoni del Liga. All'uscita dell'ultimo album di Luciano si affianca la pubblicazione del suo primo libro, che in antitesi con il cd ha per titolo "*Fuori e dentro il borgo*", che subito vince diversi premi letterari convincendo critica e pubblico.
Dopo l'esperienza letteraria Ligabue decide di rimettersi nuovamente in discussione, scegliendo di scrivere la sceneggiatura di un film la cui trama riprende alcune delle vicende raccontate nel suo libro. Nasce così "*Radiofreccia*", di cui Liga è il regista. È presentato per la prima volta al Festival del Cinema di Venezia dove, iscritto fuori concorso, raccoglie numerosi consensi. Ligabue ottiene, grazie a Radiofreccia, tre Nastri d'Argento (migliore regista esordiente, migliore colonna sonora, migliore canzone) e due David di Donatello (migliore regista esordiente e migliore colonna sonora). A quella del film, si accompagna anche l'uscita del settimo album di Ligabue, "*Radiofreccia: le canzoni*", contenente alcuni classici degli anni '70 che fanno parte della colonna sonora del film, le musiche composte dal Liga per il suo film e tre brani inediti.

[Adattato da http://www.geocities.com/ligaweb/album/Su_e_giu_da_un_palco.htm]

L'ANNO CHE VERRÀ *

Caro amico ti scrivo
così mi distraggo un po'
e siccome sei molto lontano
più forte ti scriverò.
Da quando sei partito
c'è una grossa novità
l'anno vecchio è finito ormai
ma qualcosa ancora qui non va.
Si esce poco la sera
compreso quando è festa
e c'è chi ha messo dei sacchi di sabbia
vicino alla finestra.
E si sta senza parlare per intere settimane
e a quelli che hanno niente da dire
del tempo ne rimane.
Ma la televisione ha detto che il nuovo anno
porterà una trasformazione
e tutti quanti stiamo già aspettando.
Sarà tre volte Natale e festa tutto il giorno
ogni Cristo scenderà dalla croce
e anche gli uccelli faranno ritorno.
Ci sarà da mangiare e luce tutto l'anno
anche i muti potranno parlare
mentre i sordi già lo fanno.
E si farà l'amore ognuno come gli va
anche i preti potranno sposarsi
ma soltanto a un a certa età.
E senza grandi disturbi qualcuno sparirà
saranno forse i troppi furbi
o i cretini di ogni età.
Vedi caro amico cosa ti scrivo e ti dico
e come sono contento di essere qui
in questo momento.
Vedi caro amico cosa si deve inventare
per poter riderci sopra
e continuare a sperare.
E se quest'anno poi passasse in un istante
vedi amico mio come diventa importante
che in questo istante ci sia anch'io.
L'anno che sta arrivando tra un
anno passerà io mi sto preparando
è questa la novità.

Lucio Dalla

nasce a Bologna il 4 marzo 1943. Comincia a suonare fin da giovanissimo: dalla fisarmonica passa al clarino all'età di 14 anni, esibendosi via via in varie formazioni jazz. Il suo debutto nella canzone avviene nel 1964 sotto gli auspici di Gino Paoli, con uno stile ispirato alla musica soul. Nel 1971, dopo una parentesi sperimentale vagamente beat, approda alle grandi cifre di vendita con "*4/3/1943*"; seguono "*Piazza Grande*", "*Il gigante e la bambina*" e "*Itaca*", canzoni destinate a diventare evergreen. Dal '74 al '77 opera un cambiamento di rotta: inaugura un tipo di spettacolo a metà strada tra il concerto e il teatro. Nel 1977 con l'album "*Com'è profondo il mare*" Lucio Dalla debutta come autore dei testi delle sue canzoni. Per l'artista bolognese si apre un decennio di consensi popolari e record di vendite con punte altissime negli anni 1979/1981 attraversati dal tour "*Banana Republic*" con il collega Francesco De Gregori (da cui l'omonimo live), cui seguono l'album "*Bugie*" (1985) e "*Dallamericaruso*" (1986) contenente la canzone "*Caruso*" universalmente riconosciuta come il capolavoro di Dalla, venduta in oltre otto milioni di copie nelle trenta versioni del brano che circolano per i paesi di tutto il mondo tra cui la versione di Luciano Pavarotti. Nel 1988 un'altra accoppiata vincente: Dalla-Morandi, con relativo album e trionfale tournée nei più affascinanti luoghi d'arte d'Italia mai raggiunti prima d'ora dalla musica leggera. Il 1990 segna un altro trionfo di Dalla: un'apparizione televisiva con relativo balletto di grande efficacia e un brano assolutamente atipico "*Attenti al lupo*" lanciano in orbita l'album "*Cambio*" che tuttora detiene il record di vendite in Italia con quasi 1.400.000 copie vendute. Seguono un prolungato tour, documentato nel live "*Amen*" e, nel 1994, l'album "*Henna*". Il 1996 segna l'ennesimo successo discografico con l'album "*Canzoni*" che ha superato la cifra di 1.300.000 copie vendute. La curiosità musicale di Lucio dalla è senza confini: dalle incursioni nella Musica Classica di "*Pierino e il lupo*" di Prokofiev, al progetto "*Enzo Re*" realizzato con l'Università di Bologna in una nuova occasione di collaborazione artistica con il poeta Roberto Roversi: da questa occasione prende vita un album di 6 canzoni inedite che non sarà messo in commercio, ma sarà stampato in tiratura limitata e regalato all'Università diventando immediatamente oggetto di collezionismo e di culto.

[Adattato da http://www.pressing.it/dalla_fr.htm]

PAROLE DI BURRO *

Narciso parole di burro
si sciolgono sotto l'alito della passione
Narciso trasparenza e mistero
cospargimi di olio alle mandorle e vanità
modellami...
Raccontami le storie che ami inventare
spaventami
raccontami le nuove esaltanti vittorie
Conquistami inventami
dammi un'altra identità
stordiscimi disarmami e infine colpisci
abbracciami ed ubriacami
di ironia e sensualità
Narciso parole di burro
nascondono proverbiale egoismo
nelle intenzioni
Narciso sublime apparenza
ricoprimi di eleganti premure e sontuosità
ispirami.
Raccontami le storie che ami inventare
spaventami
raccontami le nuove esaltanti vittorie
Conquistami inventami
dammi un'altra identità
stordiscimi disarmami e infine colpisci
abbracciami ed ubriacami
di ironia e sensualità
abbracciami ed ubriacami di ironia
e sensualità
Conquistami

* *Parole di burro* (C. Consoli) - Cyclope Records - Catan

Carmen Consoli

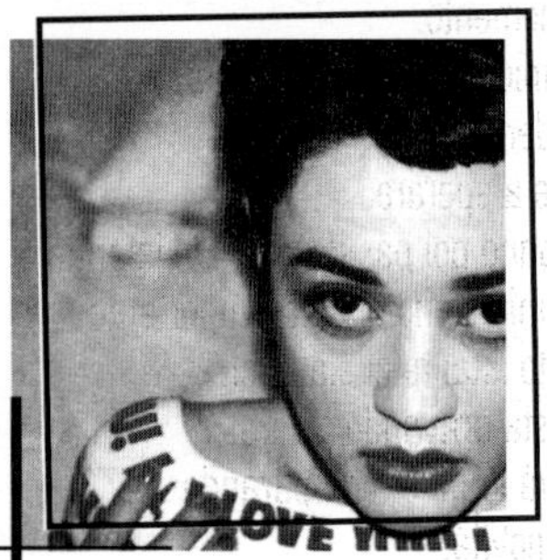

nasce a Catania nel 1974, ha respirato musica fin da bambina, suo padre è un chitarrista che le ha fatto amare subito il blues e la musica nera. Per questo Carmen ha iniziato a suonare la chitarra elettrica già a nove anni e a quattordici a esibirsi. Si trasferisce a Roma dove allestisce un'altra band di blues e vi resta per qualche anno a farsi le ossa. Intanto inizia a buttare giù canzoni di suo pugno. Erano anni che usava il suo walkman come quaderno di appunti per ogni idea che le veniva, ma ora le canzoni iniziano ad avere una forma definitiva. Quando, nel '94, torna a Catania, si presenta al suo produttore con il materiale che finirà su "*Due parole*", il suo album d'esordio. L'album, registrato a Catania, viene preceduto dalla partecipazione al Festival di Sanremo del '96, dove Carmen si presenta (e ottiene un ottimo riscontro) con "*Amore di plastica*". A fare breccia nel pubblico, come negli addetti ai lavori, non è soltanto il valore della canzone né quello, altrettanto importante, della sua interpretazione: Carmen colpisce anche per il suo aspetto aggressivo e fragile al tempo stesso e per una personalità che buca lo schermo.

Il '96 per Carmen è un ottimo anno, nel corso del quale parte per una lunga tournée nelle principali città italiane e partecipa a manifestazioni importanti (Concerto del 1° maggio, Max Generation, Sonoria, Premio Recanati, Premio Tenco), destando sensazione per l'energia e la passione delle sue performance.

Dopo questi inizi, gli album si susseguono così come i successi di Carmen Consoli.

[Adattato da http://www.cyclope-records.com/homecc.html]

Certe notti

L'anno che verrà

Parole di burro

lessico

1 Prova a leggere velocemente i seguenti scioglilingua e poi ascoltali.

Trentatré trentine entrarono a Trento tutte e trentatré trotterellando.
Sopra la panca la capra campa, sotto la panca la capra crepa.

2 Certe notti mancano delle parole... E le trovi nel cruciverba!

Certe notti

Certe Notti la **4 vert.** è calda e dove ti porta lo decide **10 vert**.
Certe notti la strada non **5 oriz.** e quello che **9 vert.** è **12 oriz.** che vai.
Certe notti la **6 oriz.** che passa Neil Young sembra avere capito chi sei.
Certe notti **1 vert.** a un vizio che non voglio smettere, smettere mai.
Certe notti fai un po' di **2 vert.** che sentano che non cambierai più.
Quelle notti fra cosce e zanzare e nebbia e **8 oriz.** a cui dai **11 vert.** tu.
Certe notti c'hai qualche ferita che qualche tua **7 oriz.** disinfetterà.
Certe notti coi bar che son chiusi al primo autogrill c'è chi festeggerà.
E si può restare **1 oriz.**, certe notti qui,
che chi s'accontenta gode, così così.
Certe notti o sei sveglio, o non **12 vert.** sveglio mai,
ci vediamo da Mario prima o **14 vert**.
C'è la notte che ti tiene tra le sue tette
un po' **3 oriz.** un po' porca com'è.
Quelle notti da farci l'amore fin quando fa male fin quando ce n'è.
Non si può restare soli, certe notti qui,
che se ti accontenti godi, così così.
Certe notti son notti o le regaliamo a voi, tanto Mario **13 oriz.**,
prima o **14 vert**.

grammatica

1 Non confondere! Ci sono delle parole che assomigliano a gerundi, a infiniti, a participi, ma non lo sono. Individuali nella lista qui sotto, scrivendo "sì" se sono verbi, "no" se non lo sono.

	Sì	No		Sì	No
Malato			Ammalato		
Mare			Amare		
Potendo			Rammendo		
Sapere			Pere		
Lire			Sentire		
Fernando			Commando		
Sentito			Dito		
Corto			Morto		
Presente			Morente		

2 Un participio che diventa nome. È una trasformazione frequente: ma spesso il participio cambia significato, diventando nome. Vediamo un po' di questi casi:

Credere	Una persona che crede negli altri è un *fiducioso* o un *credulone*.
	Un "credente" crede in…
Perdere	Una persona che perde è *sconfitta*, *battuta*.
	Un "perdente" è uno che…
Sapere	Una persona che sa è colta, *informata*, *preparata*.
	Un "sapiente" è un…
Potere	Una persona che può fare qualcosa è *in grado di*, *capace di* farla.
	Un "potente" è uno…
Agire	Una persona che agisce è *fattiva*, operativa.
	Un agente è un…
Amare	Una persona che ama è *innamorata*, *amorevole*.
	Un amante è…

leggere

unità 10 il teatro

1 Leggi e completa il testo con le parole del riquadro.

A Parma Italo Ferrari crea nel 1917 Bargnocla il burattino .... nome significa bernoccolo, a causa dell'"osso di prosciutto" .... ha in testa. È un personaggio che ha il parlare .... e diretto del parmigiano del popolo e rifugge il modernismo, ... volentieri nella sua scodella di vino. Nella sua scodella di vino Bargnocla trova ispirazione per la sua analisi .... della realtà che lo circonda, ... di politica e dei suoi problemi, che sono poi quelli di tutti. Affrontando la .... realtà contemporanea con la semplicità del vissuto e della tradizione popolare .... Bargnocla è un puro, e come tale vince, come sono puri e vincono i bambini, quando gli adulti non si incaricano di .... la loro purezza". In tempi in cui niente poteva .... per non incorrere nelle ire dei potenti, erano questi "innocui" pezzi di legno che potevano dire tutto. I burattini .... i potenti, armati solo della loro arguzia e di un bastone, e gli spettatori riscattavano attraverso di essi la loro .... e la loro frustrazione. La satira sociale e politica, era .... allo spettacolo per bambini, che nell'apparente innocenza riscattava la sconfitta quotidiana.

sagace, tramandata, impotenza, il cui, arguto, complessa, esser detto, sconfiggevano, affidata, parlando, rifugiandosi, che, tradire

[www.burattini.cjb.net]

2 Leggi il testo e rispondi alle domande.

Burattini o marionette?

La differenza sostanziale tra marionette e burattini si evidenzia principalmente dal fatto che i burattini sono teste di legno con un foro centrale e senza gambe manovrate dal basso dal burattinaio che infila il dito indice nella testa e con tecniche diverse le altre dita nelle due mani. Questo permette la massima mobilità del burattino che può prendere e manipolare oggetti oltre che spostarsi rapidamente attraverso la scena. Talvolta alcuni burattini, che recitano prevalentemente seduti sul boccascena, hanno anche le gambe ed in questo caso la seconda mano del burattinaio infila le dita in ciascuna gamba per ottenere buffi movimenti. Le marionette, al contrario, sono un pupazzo completo di braccia e gambe di altezza variabile tra i 20 e 80 centimetri. La mobilità è ottenuta mediante una serie di fili legati alle varie giunture mobili che fanno capo a una crociera di legno manovrata dal burattinaio. Questi si trova in alto su un ponte che sormonta il teatro e mediante la trazione dei fili ottiene i movimenti. Questi fili possono essere da un minimo di tre (testa e due braccia) a un massimo di nove (oltre la testa e le due braccia) i piedi, le articolazioni delle ginocchia e del bacino e un'eventuale arma od oggetto manovrata in una mano. Non esiste una scuola o una regola, ogni burattinaio si ingegna attrezzando i suoi burattini per ottenere gli effetti più disparati. *Baciccia della Radiccia* ad esempio ha la mascella mobile e quindi una delle due dita nella testa può manovrare la mascella simulando il movimento della bocca per parlare.

1 Che cos'è un burattino? ....

....

2 Che cos'è una marionetta? ....

....

3 Quali sono le regole che governano il movimento del burattino? ....

....

scrivere

1 In Italia il burattino più famoso è *Pinocchio*. Esistono forme di teatro popolare come i burattini italiani nel tuo paese?
Ti ricordi delle storie, delle fiabe, magari di quelle che sentivi spesso da bambino? Scrivi un breve riassunto della storia che hai scelto.

lessico

1 Cruciverba teatrale. Tutte le parole di questo cruciverba riguardano il mondo dello spettacolo che hai incontrato nella scheda su Dario Fo.

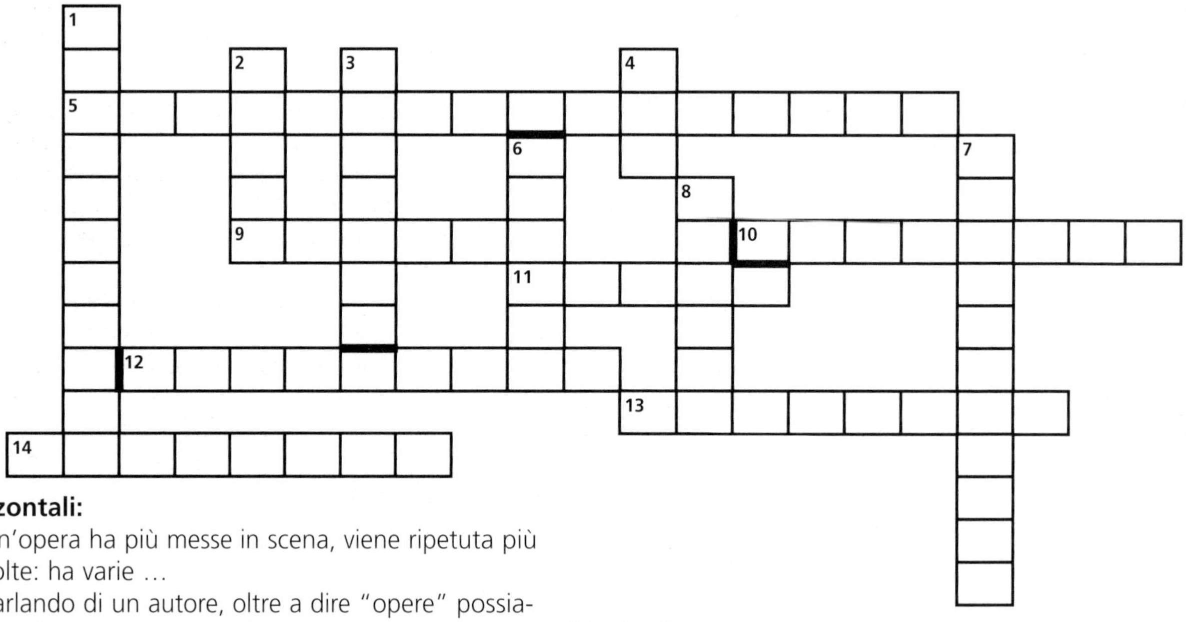

Orizzontali:

5. Un'opera ha più messe in scena, viene ripetuta più volte: ha varie …

8. Parlando di un autore, oltre a dire "opere" possiamo dire …

9. Oltre che autore e regista Fo è anche un …

10. Quando un'opera raccoglie applausi, recensioni favorevoli, spettatori, si dice che è un …

11. Anziché dire "opera" o "pièce" si può dire …

12. Fo iniziò la sua carriera facendo delle pièce in cui era da solo a parlare: faceva dei …

13. Fo ci tiene a definirsi, sulla scia del teatro medievale, un … più che un autore/attore.

14. Tecnicamente è un'opera teatrale che finisce in allegria, a differenza della tragedia; ma in realtà in italiano ogni opera teatrale può essere detta …

Verticali:

1. Quando un attore viene chiamato a far parte di un cast, si dice che è stato …

2. Parola che indica un testo, una pièce - o anche un melodramma.

3. La prima rappresentazione di una commedia.

4. La televisione di stato in Italia.

6. Breve pièce di satira, adatta al ritmo televisivo o al cabaret.

7. Fo studiava architettura, quindi era naturale che avvicinandosi al teatro si interessasse delle scene, cioè della...

civiltà Un teatro meno conosciuto

Se il teatro italiano del 900 conta due premi Nobel per la letteratura, Luigi Pirandello (1934) e Dario Fo (1997), non bisogna però dimenticare una personalità del nostro teatro che, anche se forse meno conosciuto dal grandissimo pubblico italiano e internazionale, senza dubbio ha uno spessore artistico e culturale di altissimo livello, stiamo parlando di Carmelo Bene. Recentemente (nel 2000), in qualità, di poeta è stato acclamato Poeta dell'Impossibile dalla Fondazione Schlesinger attualmente presieduta da Rita Levi Montalcini e fondata da Eugenio Montale, per il suo poema 'L mal de' fiori.

1 Leggi il ritratto di Carmelo Bene e fa' le attività.

Carmelo Bene (Campi Salentina, Lecce, 1937), attore, regista, autore drammatico e narratore. Esordisce nel 1959 e già l'anno successivo offre un lavoro creativo autonomo con *Spettacolo Majakovskij*.
Gli anni '60 rivelano la novità dirompente dell'arte di Bene. Nascono spettacoli di inattesa forza eversiva e di oltraggiosa provocazione: *Pinocchio da Collodi* (1961), *Amleto da Shakespeare* (1961), *Edoardo II da Marlowe* (1963), *Salomè da O. Wilde* (1964), *Manon da Prévost* (1964), *Nostra Signora dei Turchi* (1966), *Amleto o le conseguenze della pietà filiale da Shakespeare e Laforgue* (1967), *Arden of Feversham* (1968), *Don Chisciotte* in collaborazione con Leo De Berardinis (1968).

Il decennio, fra i più fecondi nella carriera di Bene, consegna a un pubblico spesso scandalizzato spettacoli inattesi, creazioni che l'attore tornerà a rielaborare con accanimento, ricercando un punto prospettico sempre variato e conturbante.
In quel decennio Bene, oltre a costituire una propria compagnia teatrale, sperimenta il cinema realizzando il lungometraggio *Nostra Signora dei Turchi* (1968), che segue i mediometraggi *Ventriloquio* (1967) e *Hermitage* (1968); aderisce al 'Manifesto per un nuovo teatro' firmato a Ivrea nel 1967 dalle schiere più avanzate della cultura e della ricerca teatrale.
Bene è ormai il simbolo di un'arte antagonistica, opposta al teatro ufficiale. Per la prima volta, con lui, prende corpo una nuova nozione di attore che non è soltanto un dissacratore di regole, di repertori e di autori, ma molto di più e di diverso: è l'attore filosofico, l'attore ideologico, l'attore saggista. Invece delle sicurezze dei cosiddetti grandi attori dà al pubblico dubbi, polivalenze e ambiguità di significati, sottili intarsi culturali, la degradazione parodistica.
La sua attività degli anni '70 e '80 vede la produzione di *Romeo e Giulietta* (1976), *S.A.D.E.* (1977), *Lorenzaccio* (1986), *La cena delle beffe e Pentesilea* (1989). Bene esce dalla negatività che aveva caratterizzato la sua prima fase per affermare l'unica presenza per lui possibile, quella dell'attore; l'attore che non si nasconde dietro il personaggio, ma ripropone continuamente se stesso come realtà esistenziale in cui il poeta e la sua visione fantastica si fondono e finiscono con lo scomparire. L'attore, cioè il diverso: con la sua nevrosi, i suoi eccessi e mancamenti, la sua ambiguità sessuale, il suo autobiografismo ostentato, la distruzione di se stesso in pubblico. Bene mette in discussione non solo il teatro nella sua accezione storicamente accertata, ma anche lo spettatore, invitato a riconoscere come unica realtà la sofferenza, la nausea, il narcisismo spudorato e malinconico, l'impotenza, la protervia e la mortale consapevolezza dell'attore, che ora ha perduto ogni connotato psicologico ed è diventato

Dirompente: *esplosivo, che provoca forti reazioni.*

Eversivo: *che si propone di sovvertire (distruggere, cambiare), l'ordine costituito.*

Oltraggioso: *che offende, che ferisce moralmente.*

Conturbante: *che provoca forti emozioni.*

Arte antagonistica: *che si oppone, che va contro la tradizione.*

Dissacratore: *che contesta ciò che è considerato sacro, incontestabile.*

Polivalenza, Ambiguità: *caratteristiche di qualcosa che può avere diversi significati e interpretazioni.*

Degradazione parodistica: *quando qualcosa viene sminuito, abbassato con l'intento di renderlo ridicolo, buffo, comico.*

Spudorato: *Senza pudore, che non prova vergogna, che va oltre i limiti della decenza.*

Protervia: *arroganza, presunzione, atteggiamento di superiorità.*

una macchina attoriale, arrivando a raccontare se stesso col nastro del play-back, in quinta, e avendo per interlocutori dei manichini. L'elemento vivo della macchina attoriale è la voce, che con Bene diventa phoné: uno strumento duttile, ricco di ombreggiature e di colori, di timbri di sonorità e di cupezze, messi al servizio non solo dei personaggi anchilosati e collassati, ma anche del verso poetico, che egli esplora non nella cantabilità, ma nella profondità emotiva e concettuale, restituendolo a platee anche immense (*Dante dalla Torre degli Asinelli a Bologna* nel 1981). Ecco le letture di *Majakovskij* e dei *Canti orfici* di Dino Campana, ecco Leopardi, ecco i concerti per voce recitante come Manfred di Byron (1979, musica di Schumann), Hyperion di Maderna (1980) ed Egmont da Goethe con musiche di Beethoven (1983); ecco *Hamlet Suite* (1994) in cui l'opera di Laforgue ha le musiche di Bene. È l'apoteosi dell'attore-creatore che si è sovrapposto ai grandi scrittori della scena reinventandoli in un'assoluta originalità ed è arrivato al grado massimo di narcisismo con l'autobiografia *Sono apparso alla Madonna* (1983), inserita nell'opera omnia pubblicata nel 1995.

Quinta: *parte del teatro che delimita la scena*

Phonè: *termine del greco antico che significa* voce.

Platea: *parte del teatro in cui siede il pubblico. Termine usato anche come sinonimo di pubblico*

Oltraggio: *grave offesa, torto.*

Anchilosato e collassato: *termini medici che definiscono uno stato blocco, rigidità, infermità.*

Apoteosi: *trionfo, grande successo.*

[adattato da Osvaldo Guerrieri Biografia di Carmelo Bene in http://www.teatrodiroma.it/archivi/artist/artist.htm]

2 Lavora con un compagno.

a Fate un semplice elenco dei termini del brano che vi aiutano a definire il teatro di Carmelo Bene.

b Che tipo di teatro, di atteggiamento culturale, suggeriscono le parole che avete raccolto? Scegliete tra i suggerimenti quelli che ritenete appropriati:

1 tradizionale
2 di ricerca
3 provocatorio
4 leggero
5 disimpegnato
6 classico
7 narcisista
8 facile
9 superficiale
10 originale
11 dissacratore

grammatica La strana storia di Cappuccetto Rosso

1 La costruzione verbale dell'italiano permette grande elasticità, come in questa strana versione della favola di *Cappuccetto Rosso*. Rimettila nella giusta sequenza temporale e poi confronta le due versioni, focalizzando l'attenzione sull'uso dei verbi.

Cappuccetto Rosso e la nonna uscirono impaurite dalla pancia del lupo che il cacciatore aveva aperto con il suo coltello dopo essere entrato in casa della nonna attratto dal russare spaventoso del lupo che si era mangiato le due donne dopo aver ingannato Cappuccetto Rosso fingendo di essere la nonna che in realtà si era già mangiato un po' prima essendo arrivato a casa della nonna in anticipo su Cappuccetto Rosso che aveva incontrato nel bosco e che aveva disubbidito alla mamma che le aveva detto di portare da mangiare alla nonna e di non parlare con estranei.

Civiltà

Schede

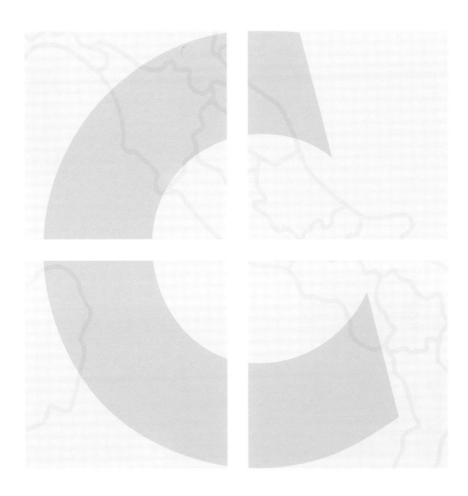

il cinema

1.1 le origini

Una sera del 1905 si proietta a Roma quello che è considerato il primo film italiano a soggetto la *Presa di Roma* di Filoteo Albertini.
Nel 1914 le case di produzione cinematografica sono già più di 50 e si trovano a Torino, Milano, Roma, Napoli, Venezia, ecc. Dal 1914 fino agli anni '30 si girano parecchi film, ma forse la pellicola che resta ancora oggi nel ricordo di tutti è *Cabiria* (1914) di Giovanni Pastrone.

La fama di questo film è dovuta soprattutto alla presenza del poeta Gabriele d'Annunzio che scrive la sceneggiatura e che collabora attivamente a tutta la produzione, grazie a lui è possibile raccogliere tutto il denaro necessario per realizzare questo vero e proprio *colossal*.
La giovane industria cinematografica italiana attira l'interesse anche di altri esponenti della letteratura, saranno molto vicini al cinema anche Luigi Pirandello, Guido Gozzano, e altri.
I film di argomento storico e mitologico diventano così i soggetti preferiti dai registi e dal pubblico italiano. Ma si girano anche film di argomento "verista" o realista che narrano, cioè, vicende legate alla vita di tutti giorni con un intento, appunto, *realistico*. Nel frattempo anche il cinema comico italiano comincia ad avere i primi successi. Non possiamo qui dimenticare neppure i primi melodrammi cinematografici, storie di amori appassionati e sensuali, un titolo per tutti: *Ma l'amor mio non muore* di M. Caserini del 1913 con Lydia Borelli.

La locandina del film *Vita futurista* (1916) di Arnaldo Ginna. Di questo film che nasce tra i componenti del movimento letterario del *Futurismo* rimangono solo pochissimi frammenti. Resta però un documento importantissimo di questi anni il *Manifesto della cinematografia futurista* (1916) in cui i letterati futuristi esprimono la loro moderna idea di cinema.

1.2 il divismo e i serial

Francesca Bertini

Lydia Borelli

Durante gli anni '20 i melodrammi del cinema muto lanciano due grandi dive la cui fama diventerà europea e supererà ben presto lo spazio del cinema: Lydia Borelli (1887-1959) e Francesca Bertini (1892-1985). Il modello iconografico e letterario che queste donne fatali rappresentano sullo schermo deriva dalla poesia di D'Annunzio, dalla letteratura simbolista, dalle tele di Dante Gabriele Rossetti, Whistler, Moreau.
Tra gli attori ricordiamo il "misterioso" Emilio Ghione. Ha girato più di cento film dei quali non rimane quasi nulla, ma è ricordato come il protagonista del primo vero serial cinematografico italiano con il famosissimo personaggio di Za-la mort. La serie dei film che lo vede protagonista *Topi grigi* (8 episodi) e *Triangolo giallo* (4 episodi) ha avuto nell'Italia di quegli anni un successo di pubblico enorme.

1.3 gli anni del fascismo

Negli anni intorno al 1919 l'industria cinematografica italiana ha una grossa crisi, ma il regime fascista si rende subito conto della grande importanza che il mezzo cinematografico può avere come strumento di propaganda. Nel 1924 il regime crea l'istituto nazionale L.U.C.E. (L'Unione per la Cinematografia Educativa) e nel 1925 la casa produttrice americana MGM gira a Roma il colossal *Ben Hur*. Nel 1932 si organizza il primo festival cinematografico italiano a Venezia e nel 1937 si costruiscono gli stabilimenti cinematografici alla periferia di Roma, nasce così **Cinecittà**. Nel 1940 si girano a Cinecittà più di 85 film. La "città del cinema", dopo anni di grande successo è gradatamente abbandonata. Negli ultimi anni del '900 viene parzialmente recuperata e ristrutturata; ora vi si girano, tra le altre cose, moltissimi spot pubblicitari.

Entrata in architettura fascista di Cinecittà

1.4 il neorealismo

Vittorio De Sica

Pare che sia stato Mario Serandrei, montatore del film di Luchino Visconti *Ossessione* (1943), a inventare il termine *neorealismo*.
Si è scritto molto su questa corrente del cinema italiano dell'immediato dopoguerra e le opinioni dei critici sono spesso molto diverse e non è mancato chi, in tempi abbastanza recenti, ha largamente ridimensionato il fenomeno. È vero che i film e i registi veramente neorealisti sono stati pochissimi se si intende per neorealismo la volontà di girare film fuori dai teatri di posa, nella realtà di tutti i giorni, senza attori professionisti e con trame che tengano sempre presenti le problematiche proprie della realtà sociale e umana del periodo postbellico.
Ognuno dei grandi registi di quel periodo interpreta il neorealismo secondo la propria sensibilità e i propri mezzi artistici, non si tratta quindi di una questione di numeri e di nomi, di decidere cioè quali film e quali registi siano veramente neorealisti, ma di prendere atto che senza la poetica neorealista il cinema italiano del dopoguerra sarebbe stato completamente diverso. La corrente neorealista resta comunque legata a grandi nomi del cinema italiano degli anni che hanno seguito la fine della seconda guerra mondiale: Roberto Rossellini, Vittorio De Sica e lo sceneggiatore Cesare Zavattini e Luchino Visconti.

Roberto Rossellini (1906-1977)

Nel 1945 il regista gira *Roma città aperta*, considerato il simbolo del neorealismo con protagonista una delle più grandi attrici del cinema italiano, Anna Magnani e Aldo Fabrizi. Il film è realizzato subito dopo la liberazione della capitale in condizioni precarie e con mezzi di fortuna. In Italia il successo non è immediato mentre all'estero è un trionfo e nel 1946 il film vincerà il festival di Cannes in Francia. Film molto commovente, ha uno stile semplice con momenti di vero melodramma popolare.

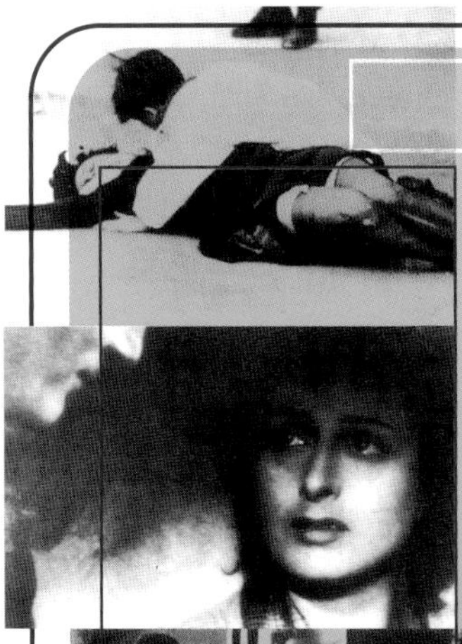

la storia:

Nella Roma occupata dai nazisti una donna del popolo, Pina, sarà uccisa dai tedeschi sotto gli occhi del piccolo figlio mentre tenta di raggiungere il camion sul quale questi stanno portando via il suo uomo per essere deportarlo. Anche l'ingegnere comunista Manfredi, arrestato, morirà per le torture. Stesso destino toccherà al prete don Pietro che sarà fucilato sotto gli occhi dei bambini della parrocchia.

ANNA MAGNANI
ROMA CITTÀ APERTA
di ROBERTO ROSSELLINI con ALDO FABRIZI
una pietra miliare del Cinema Italiano

La seconda pellicola neorealista di Rossellini, *Paisà* (1946), è girata con l'aiuto economico della Foreign Film Production Inc. americana. Si tratta di un film a episodi, sei, ognuno dei quali narra una vicenda legata all'avanzata degli alleati attraverso l'Italia distrutta dalla guerra. La capacità del regista di cogliere e mostrare la realtà nella sua crudezza e tragicità ci ha dato un film duro e asciutto che ha influenzato in modo definitivo la nostra storia culturale. Anche in questo caso il film non ha un immediato successo di pubblico.

la storia: paisà

Primo episodio: una ragazza siciliana diventa molto amica di un soldato americano. Entrambi moriranno vittime dei nazisti, ma la ragazza sarà considerata dagli americani una traditrice.

Secondo episodio: un bambino napoletano ruba la scarpe a un soldato americano che finisce per impietosirsi.

Terzo episodio: una ragazza romana è costretta a diventare una prostituta e il soldato americano padre del figlio che lei aspetta si rifiuterà di vederla.

Quarto episodio: un'infermiera inglese cerca per tutta la città di Firenze il partigiano di cui è innamorata senza trovarlo.

Quinto episodio: tre preti di diverse religioni sono ospiti di un convento di monaci.

Sesto episodio: partigiani e alleati sono vittime della crudeltà nazista.

Nel 1948 Rossellini filma *Germania anno zero* una pellicola straziante ambientata nella Berlino distrutta dai bombardamenti. Questo film è considerato da molti quello che meglio esprime la poetica di Rossellini e ci mostra un'analisi attenta della realtà sociale e morale in un linguaggio semplice e privo di retorica.

la storia: germania anno zero

Edmund, un bambino tedesco di 13 anni vive arrangiandosi come può, cercando di mantenere il padre invalido. Suo fratello è ricercato dalla polizia come ex-nazista mentre la sorella si prostituisce. Sotto l'influenza di un ex-nazista, Edmund uccide il padre poi si butta dall'alto di una casa distrutta.

La carriera cinematografica di Rossellini non si esaurisce con la stagione neorealista, dopo la "trilogia neorealista" il regista aggiunge ai suoi film la ricerca psicologica con *Stromboli* (1949); *Francesco giullare di Dio* (1950), *Europa '51* (1952), *Viaggio in Italia* (1953) e *Il generale della Rovere* (1959). Negli ultimi anni della sua vita si dedica a una produzione di tipo didattico per la televisione: *Atti degli apostoli* (1962), *La presa del potere da parte di Luigi XVI* (1967) e *Il Messia* (1975).

Vittorio De Sica (1901-1974)

De Sica inizia la sua carriera artistica come attore teatrale e cinematografico. Restano famosi i suoi ruoli brillanti in moltissimi film degli anni '30 come in *Gli uomini che mascalzoni* (1932) e nel *Signor Max* (1937). Anni più tardi lo ritroviamo attore di *Pane, amore e fantasia* (1953) e de *Il generale della Rovere* (1959).
Nel 1940 passa alla regia e insieme allo scrittore Cesare Zavattini scriverà e girerà alcuni capolavori del cinema neorealista. *Sciuscià* è del 1946 e si tratta di un altro film crudo, ma anche attraversato da un aspetto fiabesco e surrealista tipico di Zavattini. Anche questo capolavoro non ha conosciuto nell'Italia del dopoguerra un grande successo commerciale, ma negli Stati Uniti vincerà l'Oscar come miglior film straniero.

la storia: sciuscià

Due ragazzini romani che per guadagnare qualche soldo puliscono le scarpe ai passanti vogliono comprare un cavallo bianco.
Senza volerlo si trovano coinvolti in un furto e per questo finiscono in riformatorio (la prigione per i minori). Tenteranno di fuggire e la fuga sarà ancora più drammatica dell'esperienza carceraria.

Pochi anni dopo De Sica, sempre insieme a Zavattini, gira un altro capolavoro: *Ladri di biciclette* (1948) con cui vincerà il suo secondo Oscar. Questo film oltre a essere considerato come il centro attorno al quale girano tutti gli altri film neorealisti è anche considerato da molti come il miglior film girato dalla coppia De Sica-Zavattini. Ancora una volta (era già accaduto con *Sciuscià*) De Sica sceglie attori non professionisti e ancora una volta la sua scelta si rivela giusta.

la storia:

Nella Roma postbellica un padre di famiglia trova finalmente, dopo enormi difficoltà, un lavoro come attacchino (attacca i manifesti pubblicitari in giro per la città). Quasi subito gli rubano la bicicletta, strumento indispensabile per il suo lavoro. Disperato cerca di rubare una bicicletta davanti a uno stadio, è fermato dalla gente che poi lo libera commossa davanti alle lacrime del figlio che ha assistito a tutta la scena.

Del 1951 è *Miracolo a Milano*, il neorealismo sta lentamente declinando e in questo film lo troviamo ancora di più mescolato alla vena surreale e favolistica. Ancora un insuccesso di pubblico e di critica in Italia ma un successo all'estero con un premio a Cannes e uno negli Stati Uniti. Un altro capolavoro della coppia De Sica-Zavattini è *Umberto D.* (1952), un film sulla solitudine della vecchiaia considerato uno dei più belli della storia del cinema su questo tema. La narrazione è semplice ed essenziale e troviamo ancora quell'impressione di realtà cruda e diretta propria del neorealismo.
Il film susciterà grosse critiche anche da parte di uomini politici che non erano d'accordo sull'opportunità di parlare così crudamente, e soprattutto pubblicamente, di argomenti così "privati".

la storia: umberto d.

Ex-impiegato dello stato, il pensionato Umberto Domenico Ferrari, non riesce a vivere della sua misera pensione. Non riesce nemmeno a chiedere l'elemosina (soldi per la strada) e decide così di uccidersi buttandosi sotto un treno.
Non ci riuscirà perché il suo cagnolino, spaventato dal treno fuggirà e Umberto lo seguirà istintivamente nella fuga.

Naturalmente anche la carriera di De Sica non finisce con il neorealismo. Negli anni seguenti girerà altri film di grande livello e altri ne avrebbe potuti girare se fosse riuscito a trovare i finanziamenti necessari. Ricordiamo *L'oro di Napoli* (1954), *La ciociara* (1960) e il suo ultimo *Il giardino dei Finzi-Contini* (1971), ancora un premio Oscar.

Luchino Visconti (1906-1976)

Regista anche teatrale, Visconti è in gioventù assistente del grande regista francese Jean Renoir.
Di solito è con il suo film del 1943, *Ossessione*, che si fa iniziare il neorealismo. Ma non è tanto il tema del film che porta a questa definizione quanto la forza espressiva che rompe definitivamente con gli schemi del cinema del periodo fascista.
Visconti descrive freddamente, in modo pessimistico, un mondo grigio e senza speranza. I mezzi espressivi che fanno parte della sapiente tecnica del regista rendono questo film modernissimo.

la storia: ossessione

Un vagabondo si ferma presso un negozio lungo il fiume Po e diventa l'amante di Giovanna, la moglie del padrone. I due decidono di uccidere il marito di lei per incassare i soldi dell'assicurazione.
I loro rapporti saranno però compromessi dai problemi per riuscire a incassare l'assicurazione e la polizia sarà insospettita dal loro comportamento.

Un altro film importantissimo per la corrente neorealista è *La terra trema* del 1948. La storia è una rilettura del famoso romanzo verista di Giovanni Verga, *I Malavoglia*. Visconti decide di usare attori non professionisti che parlano in uno strettissimo, e difficilmente comprensibile, dialetto siciliano.
Lo stile del film è documentaristico e uno degli intenti del regista è quello di criticare alcune scelte politiche dell'allora Partito Comunista di cui lo stesso Visconti faceva parte. Già in questo film è evidente quella che è stata definita come una delle contraddizioni del cinema di Visconti sempre diviso tra una sensibilità decadente e intenzioni marxiste.
Bellissima, del 1951, è sia uno dei film più belli del neorealismo che una critica alla filosofia stessa del neorealismo. I personaggi del popolo non sono più rappresentati in modo completamente positivo, ma sono figure contraddittorie analizzate freddamente nella loro realtà più cruda. Il soggetto del film è di Cesare Zavattini e la protagonista è l'attrice Anna Magnani.

la storia:

La popolana Maddalena sogna per la sua bambina un futuro nel cinema e fa grandi sacrifici perché questo sogno possa diventare realtà. Ma l'incontro con il crudele mondo del cinema le farà cambiare idea.

bellissima

Luchino Visconti è forse quello che, tra i tre grandi del neorealismo italiano, continua ad avere un grosso successo anche passata la stagione neorealista. Tra i suoi film successivi ricordiamo: *Rocco e i suoi fratelli* (1960), *Il gattopardo* (1963), *La caduta degli dei* (1969), *Morte a Venezia* (1971), *Ludwig* (1973), fino al suo ultimo film *Gruppo di famiglia in un interno* (1974).

1.5 Il cinema italiano degli anni '60

I grandi protagonisti del cinema italiano di questi anni, anche se hanno iniziato la loro carriera negli anni precedenti, sono, insieme a Luchino Visconti, Federico Fellini e Michelangelo Antonioni. In questo periodo iniziano a lavorare anche alcuni giovani che diventeranno personalità di primo piano degli anni '60 (e oltre), uno dei periodi più ricchi di novità del cinema europeo. Tra loro ricordiamo: Marco Ferreri, Marco Bellocchio, Bernardo Bertolucci, Pier Paolo Pasolini, Antonio Pietrangeli, Francesco Rosi, Ermanno Olmi, Elio Petri e i fratelli Taviani.

Federico Fellini (Rimini 1920 - Roma 1993)

Quando nel 1960 Fellini gira *La dolce vita* ha già al proprio attivo film importantissimi come *I vitelloni* (1953) e *La strada* (1954) premio Oscar per il miglior film straniero. Protagonista femminile di quest'ultimo film è la moglie di Fellini, Giulietta Masina, attrice insostituibile di molti altri film del regista.
Gli stranieri, e anche molti italiani, che ancora oggi usano le espressioni *dolce vita* e paparazzo forse non sanno che questi modi di dire derivano entrambi da questo indimenticabile film che alla prima milanese è stato fischiato e che ha riservato al suo autore aspre polemiche da parte della Chiesa e di importanti esponenti politici del tempo. Vincerà però la Palma d'oro al festival francese di Cannes. Oggi il film è considerato uno dei capolavori indiscussi del cinema mondiale. Per la società italiana questa opera rappresenta l'irruzione della modernità, di un mondo dove i valori autentici lasciano il posto alla corruzione e ai falsi miti.

la storia: la dolce vita

Marcello, giornalista che ha abbandonato il sogno di diventare un grande scrittore vive una vita superficiale e inconcludente tra i caffè romani di Via Veneto (la via romana frequentata in quegli anni da persone ricche e famose, intellettuali e personaggi del mondo dello spettacolo). In questo ambiente Marcello incontra uno scrittore che commetterà suicidio, una bellissima diva americana che farà il bagno nella fontana di Trevi, un gruppo di nobili che lo coinvolgerà in una festa sfrenata e infine una ragazzina che con il suo sguardo innocente riuscirà a dare un po' di speranza per il futuro al protagonista.

Dopo *La dolce vita* troviamo Fellini impegnato in un altro capolavoro, *8 1/2* (1963), una specie di autobiografia immaginaria in cui il regista svolge una riflessione sul tema dell'Arte e del fallimento sia artistico che esistenziale. Premio Oscar per il miglior film straniero e per i costumi.
Nel 1973 il regista gira *Amarcord* (in dialetto romagnolo a *m'arcord* significa *mi ricordo*) un ricordo sognante dell'Italia fascista degli anni '30 rivissuto attraverso la vita del protagonista Titta (ancora una volta autobiografico) in un piccolo paesino della Romagna. Ci saranno ancora una volta polemiche e scandalo per le parole piuttosto forti usate nel film e le femministe criticheranno il ritratto femminile del personaggio di *Gradisca*. La pellicola ha un successo di pubblico grandissimo negli Stati Uniti e Fellini vince ancora l'Oscar per il miglior film straniero.
Nel 1983 esce *E la nave va* ritratto malinconico e di morte di una società (quella precedente alla prima guerra mondiale) che sta per finire. *Ginger e Fred* (1986) è un altro impietoso ritratto dell'Italia e della società di quegli anni e dell'imperante potere della televisione. Con il suo ultimo film, *La voce della luna* (1990), Fellini ci offre un'altra delle sue descrizioni impietose e feroci della società contemporanea.

Gradisca

Michelangelo Antonioni (Ferrara 1912)

Unico dei grandi registi di quegli anni ancora all'opera, Antonioni ha interpretato con lucida precisione la società italiana del secondo dopoguerra con particolare attenzione al tema dell'alienazione della persona nella società moderna. Il suo primo lungometraggio, *Cronaca di un amore* (1950), se per la trama si avvicina curiosamente a *Ossessione di Visconti*, il tema, con il suo disegno crudo della buona società borghese di quei primi anni del dopoguerra, getta lo spettatore di colpo in una modernità fredda che anticipa il ritratto degli anni '60 dei suoi film successivi.
L'avventura (1960), *La notte* (1961) e *L'eclisse* (1962) fanno parte della famosa trilogia *esistenziale* in cui Antonioni, attraverso alcuni ritratti femminili, ci parla del disagio, dell'alienazione e della difficoltà di comunicare delle persone che vivono schiacciate dalla società neocapitalista e tecnologica.

le storie: l'avventura, la notte, l'eclissi

L'avventura: durante una gita di un gruppo di amici in una Sicilia inospitale una delle donne del gruppo scompare. Il fidanzato e un'amica la cercano con poco convinzione mentre si innamorano l'uno dell'altra.

La notte: è la crisi del matrimonio tra uno scrittore e la moglie che corteggiano e sono corteggiati da altre persone. Parlano del loro amore per una notte intera e finiscono per fare disperatamente l'amore.

L'eclisse: una triste ragazza borghese si fidanza con un freddo e indifferente agente di borsa. Nessuno dei due si presenterà a un appuntamento in cui dovrebbero chiarire il loro rapporto.

Negli anni seguenti Antonioni girerà *Blow up* (1967) una pellicola sul difficile rapporto tra l'arte e la rappresentazione della realtà; *Zabrinkie Point* (1970) sulle contestazioni giovanile di quegli anni e *Professione reporter* (1975) ancora sulla difficoltà di uno sguardo rivelatore della realtà. Nel 1995, dopo molti anni di inattività Antonioni gira, insieme al regista tedesco Wim Wenders *Al di là delle nuvole*.
Gli anni '60 sono stati per il cinema italiano una stagione ricchissima di pellicole e registi importanti, nel giro di poco tempo sono prodotti film di primo piano ed estremamente affascinanti, una stagione che difficilmente si ripeterà per il nostro cinema e per il cinema mondiale che ha perso ormai le caratteristiche, sia tecniche che contenutistiche, che lo hanno accompagnato per quasi un secolo.

Marco Ferreri (Milano 1928 - Parigi 1997)

Marco Ferreri indimenticabile regista provocatorio e ironico ci ha dato almeno due capolavori indiscussi: *Dillinger è morto* (1969) e *La grande abbuffata* (1973). Nel primo un ingegnere annoiato torna a casa, guarda vecchi film famigliari, fa da mangiare, fa sesso con la cameriera, trova una vecchia pistola che dipinge a pallini, uccide la moglie che dorme e finisce per imbarcarsi come cuoco su uno yacht. Sono già presenti tutti i temi di Ferreri, l'assurdità della vita quotidiana, il rapporto con il cibo, il sesso e l'impossibilità di fuggire da tutto questo.
Il secondo film, *La grande abbuffata*, è letteralmente l'imponente mangiata mortale di quattro amici che decidono di suicidarsi tra una grande quantità di cibo e sesso. La società moderna è già sulla via dell'autodistruzione in cui, forse, solo le donne si salveranno. Le donne infatti saranno protagoniste di alcuni film successivi di Ferreri come *L'ultima donna* (1976) e *Il futuro è donna* (1986). Nel 1993 il regista gira *Diario di un vizio*, film nuovamente provocatorio che lascia ancora una volta il pubblico senza certezze.

La grande abbuffata

Marco Bellocchio (Piacenza 1939)

I pugni in tasca (1965) è un grosso successo internazionale degli anni '60 e in questo film il regista non concede nulla allo spettatore: la famiglia borghese è distrutta senza nessuna pietà attraverso i grotteschi gesti del protagonista Alessandro che vuole liberare il "sano" fratello dal peso di una famiglia i cui componenti sono tutti malati. Un film che, come i due di Ferreri citati sopra, non lascia nessuno spazio alla speranza. Altri film del regista sono *Salto nel vuoto* (1979), *Il diavolo in corpo* (1985), e *Il Principe di Homburg* (1997).

Pier Paolo Pasolini (Bologna 1922 - Roma 1975)

Pierpaolo Pasolini, *Uccellacci e uccellini*

Il grande poeta e romanziere esordisce nel cinema nel 1961 con un film che, come i suoi romanzi, descrive la vita quotidiana dei ragazzi delle borgate romane. Pasolini descrive con immagini di essenziale realismo, accompagnate da musica sacra, l'estate romana del suo protagonista Vittorio (soprannominato Accattone) che vive mantenuto dalla sua donna che fa la prostituta. Pasolini inizia la sua avventura nel cinema con problemi di censura, una situazione che accompagnerà quasi tutti i film seguenti. Ricordiamo qui l'indimenticabile episodio dal titolo *La ricotta* (*Ro.Go.Pa.G.*, 1963) in cui un poveraccio è preso per fare la parte del ladrone in un film sulla Passione di Cristo e muore sulla croce perché durante una pausa di lavorazione del film ha mangiato troppa ricotta. La sua produzione comprende in seguito: *Vangelo secondo Matteo* (1964), seguito da *Uccellacci e uccellini* (1966), *Edipo re* (1967), *Medea* (1969). Nella prima metà degli anni '70 Pasolini gira la "trilogia della vita" *Il Decameron*, *Il fiore delle Mille e una notte*, e *I racconti di Canterbury*. Il suo ultimo film è *Salò o le 120 giornate di Sodoma* (1975).

1.6 Lo spaghetti-western

Clint Eastwood, *Per un pugno di dollari*

Uno dei più grandi successi commerciali del cinema italiano di tutti i tempi, anche a livello internazionale, è senza dubbio il ciclo iniziato nel 1964 con il bellissimo film *Per un pugno di dollari*. Regista della pellicola è l'indimenticato **Sergio Leone (1929-1989)** che, dopo le prime esperienze, tra cui il film ambientato nel periodo classico *Il colosso di Rodi*, inizierà a dedicarsi con grande successo al filone western che, grazie ai suoi film, diventerà *Il western all'italiana*. A differenza dei grandi western hollywoodiani del passato, film incentrati soprattutto sul mito della frontiera e sulle guerre con gli indiani, i film di Leone ci parlano di eroi solitari (impersonati quasi sempre dal futuro divo e regista americano Clint Eastwood) cinici e senza illusioni in un west dove non c'è più nulla da salvare.

Tra gli altri titoli del regista nel filone western ricordiamo *Per qualche dollaro in più* (1965), *Il buono, il brutto e il cattivo* (1966), *C'era una volta il west* (1968) e *Giù la testa* (1971). L'ultimo film di Leone, *C'era una volta in America* (1984) è un grande omaggio al cinema classico americano, film lirico e violento insieme, drammatico e pervaso da una tristezza e un rimpianto assoluti.

Robert De Niro, *C'era una volta in America*

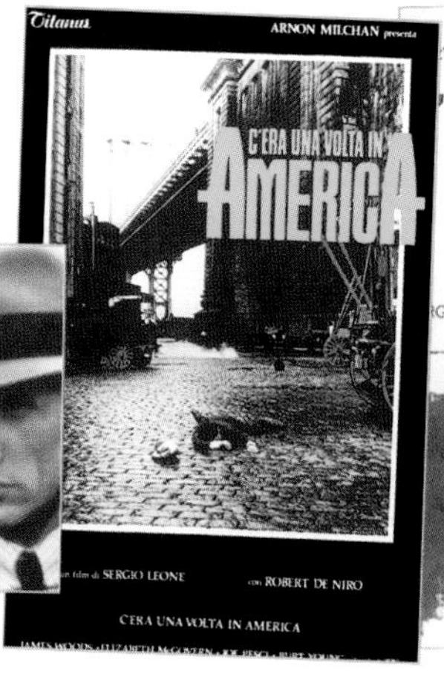

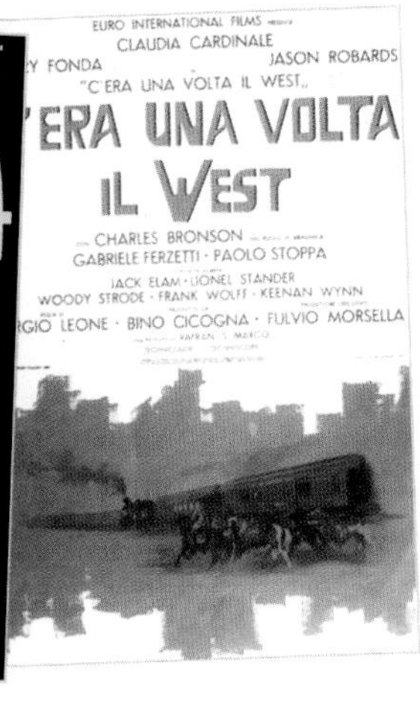

1.7 Il cinema contemporaneo

Tra i registi che hanno esordito negli anni '60 **Bernardo Bertolucci** è forse l'unico che ha continuato ad avere un quasi ininterrotto successo di pubblico ed è anche l'unico che ha portato avanti con successo una carriera nel cinema internazionale, soprattutto negli Stati Uniti.
Il regista parmigiano, figlio di uno dei maggiori poeti italiani contemporanei, Attilio, ha esordito nel 1962 sotto la protezione dell'amico Pier Paolo Pasolini portando sullo schermo una sceneggiatura di quest'ultimo, *La commare secca*. Segue, nel 1964, *Prima della rivoluzione* che però non raggiungere la forza di impatto di altri film d'esordio di questo periodo. Dopo *Il conformista* (1970), e *La strategia del ragno* (1972), sempre nel 1972 arriva il successo internazionale con il film scandalo (per l'epoca) *Ultimo tango a Parigi*. Lo scandalo del film ha permesso però al regista di trovare in America i finanziamenti per il colossal in due parti: *Novecento* (1976), una storia del'900 italiano. *L'ultimo imperatore* (1987) raccoglierà ben 9 Oscar e trionferà in tutto il mondo.
Seguono i buoni successi degli anni '90 *Il tè nel deserto* e *Il Piccolo Buddha* (1993).
Nel 1996 Bertolucci torna a girare in Italia un "piccolo film" che ha però un grande successo *Io ballo da sola*.
Ultima fatica del regista è *L'assedio* (1998) in cui uno stile rigoroso si colora di bellissime invenzioni visive.

Nanni Moretti (Brunico 1953)

Nanni Moretti, *Bianca*

Grottesco, autoironico e capriccioso regista-attore protagonista dei più interessanti film dagli anni '80 a oggi. Inizia la sua carriera tra le polemiche di quegli anni intorno al mondo giovanile della sinistra con *Io sono un autarchico* (1976) ed *Ecce Bombo* (1978) in cui mette in scena il disagio generazionale di un giovane in eterno conflitto con la famiglia, le donne, l'attività politica e con i coetanei. Seguono *Sogni d'oro* (1981) e *Bianca* (1984) che, tra le altre cose, ci mostra con tratto spietato e ironico la difficoltà a vivere le proprie contraddizioni.
Nel 1985 il regista gira *La messa è finita* ritratto di un disincanto generazionale in cui il protagonista si scontra e rimane schiacciato da una società in cui la separazione tra pubblico e privato non esiste più. *Palombella rossa* (1989) è una riflessione sulla crisi della sinistra in Italia. *Caro Diario* (1993) è un film a episodi in cui il grottesco cede anche il posto a momenti di commozione.
In *Aprile* (1998) il regista continua la ricerca iniziata con *Caro diario*, qui il politico e il personale, la realtà, cercano una traduzione in immagini e parole che è diventata forse impossibile se non recuperando la dimensione femminile di una totale fiducia nella vita in sé. Nel 2000 esce *La stanza del figlio* e con questo film Moretti vince la Palma d'oro al festival del cinema di Cannes nel 2001.

1.8 Film, registi, attori di oggi

Nel 1988 un film italiano vince ancora l'Oscar per il miglior film straniero, lo stesso film vince anche il premio speciale della giuria al festival francese di Cannes: si tratta di *Nuovo cinema Paradiso* di Giuseppe Tornatore. È un film dedicato al cinema e alle emozioni che questo mezzo ha dato agli spettatori durante il primo secolo della sua esistenza. Tre anni dopo, nel 1991, è ancora la volta dell'Italia con un altro Oscar a *Mediterraneo* di Gabriele Salvatores. Dedicata a "tutti quelli che fuggono" la pellicola, simpatica e molto gradevole, è una celebrazione della ribellione ambientata negli anni della seconda guerra mondiale in un'isola greca da sogno.

Nuovo cinema Paradiso

Per il film *Ladro di bambini* (1992) di **Gianni Amelio**, si è parlato di neo-neorealismo, ma lasciando da parte definizioni complicate, possiamo dire che il film di Amelio, che con certo neorealismo condivide una semplicità e discrezione sia di sceneggiatura che di immagini, ci restituisce uno sguardo nuovo sulla realtà dei vinti e dei più deboli che può aiutare tutti noi ad affrontare meglio il rapporto con le nuove realtà che animano la nostra vita sociale.

Il regista è autore di altri film estremamente interessanti, ricordiamo *I ragazzi di Via Panisperna* (1988), *Porte aperte* (1990) da un romanzo di Leonardo Sciascia, *Lamerica* (1994), un altro ritratto senza retorica questa volta dedicato all'Albania post-comunista e *Così ridevano* (1998).

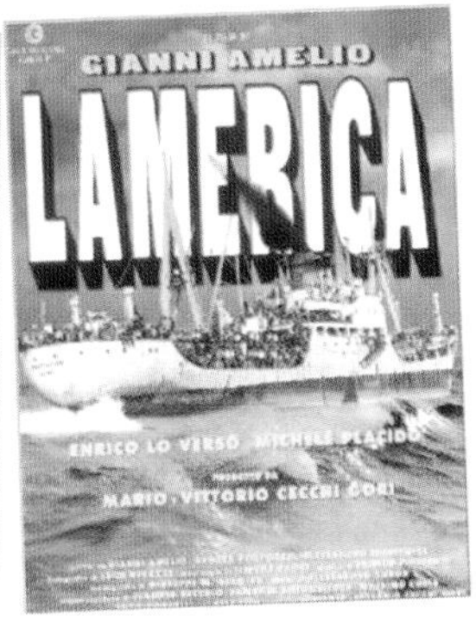

Dall'omonimo romanzo di un giovane scrittore, Giuseppe Culicchia, il regista **Davide Ferrario** ha tratto il suo film *Tutti giù per terra* (1997). Si tratta di un film che, oltre a essere costruito e recitato ottimamente, ci apre una finestra sul mondo giovanile di fine secolo, raccontando senza retorica l'impossibilità del disagio del giovane protagonista di ribellarsi.

L'attore comico e regista **Roberto Benigni**, dopo anni di successi raccolti soprattutto in Italia, ottiene nel 1999, ben tre premi Oscar (miglior film straniero, migliore interpretazione maschile, migliore musica) e il premio della giuria a Cannes con il film *La vita è bella*. Un tema ritenuto "non raccontabile" come la vita in un lager durante la seconda guerra mondiale diventa in questo film una favola amara con momenti di umorismo giustificato dal "gioco" che il protagonista organizza per il figlioletto rinchiuso con lui nel campo di concentramento.

Un consiglio per capire meglio l'Italia attraverso il suo cinema

Guardate qualsiasi film che abbia come protagonista l'attore **Alberto Sordi**. Nessuno meglio di lui ha saputo, in più di cinquanta anni di carriera, dare forma e spessore all'italiano tipico di ogni periodo che si trova narrato nei film che lo vedono interprete.

alberto sordi

La galleria dei ritratti che ci ha dato è praticamente infinita: dal rompiscatole boy-scout al vigile intransigente, dal soldato di *Tutti a casa* (1960) al "*Borghese piccolo piccolo*" dell'omonimo film di Monicelli del 1977, dal "*vitellone*" di provincia nel film di Fellini del 1953 al medico della mutua (il servizio sanitario nazionale) che naviga sicuro tra malcostume e malgoverno.
.....e........ buona visione!

Proietta: proiettare: inviare immagini impresse sulla pellicola su di uno schermo attraverso la luce.

Film a soggetto: che racconta una storia che è stata appositamente filmata per l'occasione in cui recitano degli attori.

Girano: girare: filmare, riprendere una scena con la macchina da presa.

Colossal: film gi grande costo produttivo, con scene spettacolari e attori molto famosi.

Serial: serie di film che hanno come protagonisti gli stessi personaggi.

Lanciano: lanciare: presentare all'attenzione del pubblico.

Iconografico: legato all'immagine.

Propaganda: attività che cerca di convincere il pubblico, il popolo della bontà delle idee, dei programmi politici, dei prodotti commerciali, ecc.

Neorealismo: letteralmente la parola Neorealismo significa *Nuovo Realismo*, cioè un ritorno, in campo cinematografico, al Realismo che era stato una corrente della letteratura italiana dell''800 che intendeva rappresentare la realtà partendo dai contenuti ideologici e sociali.

Commovente: che emoziona chi lo guarda.

Straziante: che causa una forte sofferenza sia fisica che psicologica.

Privo di retorica: senza falsi abbellimenti.

Sciuscià: dall'inglese *shoeshine*, lustrascarpe, che pulisce le scarpe.

Fiabesco: tipico delle fiabe, delle favole.

Surrealista: con elementi non solo razionali ma anche derivati dal sogno e dall'inconscio.

Oscar: premio cinematografico dato dall'Academy Award di Hollywood.

Decadente: che recupera l'individualismo e si dedica a una esasperata ricerca estetica.

Impietoso: che non ha pietà, cioè che presenta in modo diretto e crudo la realtà.

Grotteschi: strani, non naturali, eccentrici.

Borgate: quartieri popolari di Roma.

Censura: attività di controllo, ideologico e morale, da parte dello stato sulle opere di pensiero.

Rompiscatole: persona insistente, fastidiosa che disturba gli altri.

Disincanto generazionale: fine di un'illusione, di un sogno di persone appartenenti a una stessa generazione.

la letteratura italiana: una breve storia

Il XIII e XIV secolo

Prima del XIII secolo in Italia la lingua letteraria era il latino ed era la lingua delle cronache, dei poemi storici, delle leggende eroiche, delle vite dei santi, delle poesie religiose e di tutte le opere di carattere scientifico.
Le prime poesie scritte in italiano appartengono alla Scuola Siciliana nata presso la corte dell'Imperatore Federico II. La Sicilia era diventata il centro più importante della cultura europea del XIII secolo.
Anche se scritte in italiano, le poesie seguono il modello della poesia provenzale che ha come tema principale l'amore cortese. In seguito sono le città di Arezzo e Bologna che diventano il centro della poesia italiana con due importanti poeti, rispettivamente Guittone d'Arezzo e Giudo Guinizzelli. Quest'ultimo è il creatore del *dolce stil novo* in cui l'amore perde il suo carattere terreno per diventare una relazione spirituale che avvicina l'uomo alla comprensione della bellezza divina. Sarà infatti questo tipo di amore che verrà cantato da grandi poeti come Guido Cavalcanti, Cino da Pistoia e da Dante Alighieri nella *Vita Nova*.
Sempre nello stesso periodo nasce un altro tipo di poesia di carattere religioso con San Francesco d'Assisi e il suo *Cantico delle creature* in cui si esalta l'amore per tutto ciò che è stato creato da Dio. Anche le poesie di un altro frate francescano, Jacopone da Todi, sono un'altissima espressione della religiosità medievale.

DANTE ALIGHIERI (Firenze 1265 - Ravenna 1321)

Dante non è solo una delle maggiori figure della letteratura mondiale, è anche uno dei fondatori della letteratura in lingua italiana, infatti scriverà le sue opere più importanti in vernacolo toscano. In un'opera scritta ancora in latino *De Vulgari Eloquentia* (Sulla lingua parlata dal popolo) Dante parla della necessità di usare la lingua comune come lingua della letteratura.
Dante non è solo un uomo di lettere, ma un attento osservatore e profondo conoscitore del suo tempo, il che lo rende uno dei maggiori interpreti degli ideali del medioevo europeo. Partecipa attivamente alla vita politica del suo tempo e sarà esiliato a causa delle sue idee politiche espresse anche nel *De Monarchia* (Sulla monarchia), opera in cui prospetta l'unione dei diversi stati in conflitto sotto la guida di un impero illuminato in cui la Chiesa sia separata dallo Stato e la giustizia sia fondata sulle regole del diritto romano.
L'opera maggiore, non solo di Dante, ma di tutta la letteratura italiana, *La divina commedia,* è un'opera poetica complessa, scritta in vernacolo proprio per facilitare il più possibile una diretta e piena comprensione. Si tratta della sintesi della filosofia e della teologia medievali espresse attraverso le voci, spesso contrastanti, dei più significativi personaggi della politica e della cultura del passato e del suo tempo. Il suo viaggio immaginario nei tre mondi della vita ultraterrena, l'inferno, il purgatorio e il paradiso, diventa l'occasione per affrontare i più importanti temi di filosofia, religione, politica, morale e cultura. Le sue guide nel viaggio sono il poeta Virgilio (la ragione umana) e Beatrice, oggetto del suo amore spirituale e rappresentante della ragione umana illuminata dalla rivelazione divina.

Il **Rinascimento** è per l'Italia un periodo di grande espansione economica, politica e culturale in cui le città escono dal feudalesimo per diventare centri di industria e commerci. Spesso queste città sono in continuo conflitto per il potere e alcune importanti città stato come Venezia e Genova diventano le più grandi potenze del Mediterraneo. Dall'Italia parte anche il rinascimento culturale europeo attraverso la riscoperta dei classici latini e greci.
L'umanesimo, così chiamato in contrapposizione alla visione medievale che si concentrava soprattutto su ideali ultraterreni, si concentrerà soprattutto sull'uomo visto non più solo come strumento del volere di Dio.
Dante, Petrarca e Boccaccio sono i primi uomini di lettere italiani a usare nelle loro opere il dialetto toscano, in particolare quello di Firenze. Con loro questo dialetto diventerà la lingua della cultura e della letteratura italiana.

FRANCESCO PETRARCA (Arezzo 1304 - Arquà 1374)

È una delle figure più importanti del primo rinascimento europeo. Diversamente da Dante e da altri atri pensatori ancora legati a una concezione medioevale dell'uomo, Petrarca può essere considerato un intellettuale "moderno" più sensibile alle tematiche e preoccupazioni terrene dell'uomo e alla sua individualità. Grande latinista, ha contribuito a recuperare il latino classico come lingua della letteratura e della cultura, contrapposto al latino medioevale usato soprattutto come lingua internazionale di comunicazione. È infatti in questo periodo che il latino perde definitivamente la sua caratteristica di lingua parlata. Nazionalista convinto, Petrarca sogna per l'Italia un futuro di guida civilizzatrice ereditato dalle glorie dell'antico impero romano. La sua opera poetica più importante, il *Canzoniere*, è una raccolta di sonetti dedicati a Laura che, a differenza della Beatrice di Dante, non è più la donna-angelo veicolo tra il poeta e Dio, ma una nobilissima creatura terrena per amore della quale il poeta rischia di allontanarsi dalla fede in Dio. I sonetti sono caratterizzati da un'intensità di percezione, di profonda sensibilità e grande introspezione interiore che influenzeranno per secoli tutta la poesia europea. Anche la fama terrena assume in Petrarca un'importanza tutta nuova che trova espressione nel continuo conflitto tra i fini materiali della vita, amore e gloria, e aspirazione al misticismo in Dio.

GIOVANNI BOCCACCIO (Firenze? 1313 - Certaldo 1375)

Anche in Boccaccio, come in Petrarca, è molto forte la consapevolezza di appartenere a una nuova era. In Boccaccio è molto forte la vena narrativa, infatti le sue opere principali sono per la maggior parte scritte in prosa. I temi e gli interessi di Boccaccio non sono principalmente di carattere religioso, teologico, politico o morale, ma sono, ancora di più rispetto a Dante e Boccaccio, legati all'esistenza terrena degli esseri umani. I personaggi della sua opera principale, il *Decamerone*, non derivano infatti da modelli letterari, ma sono presi direttamente dalla via di tutti i giorni. Le cento storie narrate nel *Decamerone* (Dieci giorni) sono presentate al lettore come storie narrate, in un periodo di dieci giorni, da sette gentiluomini e tre signore che hanno trovato rifugio in una villa della campagna fiorentina per sfuggire a una epidemia di peste.

Il XV secolo

L'uomo di cultura rinascimentale è una personalità completa e "universale" che si dedica, spesso con successo, a molteplici aspetti e campi culturali. **Leon Battista Alberti** è architetto, pittore, scrittore e organista, **Leonardo da Vinci** è pittore, ingegnere, scienziato (in tutti i campi della scienza) e scrittore, e **Michelangelo Buonarroti** è scultore, pittore, architetto e poeta. Anche i principi che governano le città italiane sono uomini di lettere e di cultura come **Lorenzo de' Medici** il quale, oltre ad essere un brillante uomo di stato e amministratore, è un grande protettore delle arti nonché poeta e critico di grande talento.
Uno dei maggiori poeti e filologi di questo periodo è Angelo Ambrogini (1454 - 1494) detto il **Poliziano**. In lui è forte il desiderio di fuggire dalla realtà quotidiana e cercare rifugio in un mondo fantastico di bellezza ideale e armonia simile a quello creato dai grandi poeti greci e latini del passato. Famoso è il suo dramma pastorale *Orfeo*. Il suo capolavoro è il poemetto incompiuto *Stanze per la giostra* dedicato a Giuliano de' Medici.
Matteo Maria Boiardo (1441 circa - 1494) è l'autore del famoso poema cavalleresco *Orlando innamorato* in cui il rigido mondo dei poemi carolingi è usato come punto di partenza di innumerevoli storie avventurose arricchite da un forte e indomabile sentimento amoroso.
I poemi cavallereschi sono reinventati attraverso il tono burlesco (comico) e ridicolizzante del *Morgante*, poema opera di **Luigi Pulci** (1432 - 1484). I paladini diventano briganti e Carlo Magno un babbeo; protagonista è il bonario gigante Morgante, il mezzo gigante Margutte e il diavolo Astarotte, portavoce delle idee.

Il Rinascimento raggiunge il suo più alto compimento in questo secolo. Abbandonato l'interesse dei grandi umanisti per il greco e il latino, la lingua italiana assume una nuova e più alta dignità come lingua dell'espressione letteraria. Grande influenza in questo senso ha l'opera di **Pietro Bembo**. Nel suo trattato, *Prose della volgar lingua*, stabilisce come modello di prosa la lingua di Boccaccio, mentre le sue *Rime* che imitano il verso di Petrarca contribuiscono alla nascita del Petrarchismo.
Le due personalità che maggiormente contribuiscono a un uso creativo dell'eredità umanistica sono Niccolò Macchiavelli, uomo di stato e filosofo e il poeta Ludovico Ariosto.

NICCOLO' MACHIAVELLI [Firenze 1469 - 1527]

Le sue opere rappresentano uno dei primi tentativi di dare autonomia alla scienza politica distaccandola sia dalla religione che dalla morale. Nella sua opera più famosa, *Il principe*, Machiavelli analizza con precisione le basi e l'esercizio del potere in cui la legge suprema dello stato e la sua salvaguardia vengono prima di ogni altro obbligo. La sua concezione della politica si distacca dai concetti teocratici medioevali e anticipa una concezione moderna e scientifica.

Altre sue opere sono un trattato sull'arte della guerra, sulla storia di Firenze e un'opera teatrale *La mandragola*, analisi amara e pessimistica degli istinti umani.

LUDOVICO ARIOSTO [Reggio Emilia 1474- Ferrara 1533]

Il genio di Ariosto, il più grande poeta di questo secolo, trova la sua più grande espressione nel poema *Orlando furioso* (pazzo). Il poema narra le gesta di Carlo Magno e dei suoi paladini contro i saraceni. In questa cornice si sviluppano innumerevoli avventure di carattere amoroso, magico, eroico, sensuale violento e sanguinario, il tutto narrato con umorismo e gentile ironia. La potente immaginazione di Ariosto si unisce a una profonda conoscenza della natura umana e della sua psicologia che rendono il poema universalmente apprezzato e conosciuto.

FRANCESCO GUICCIARDINI [Firenze 1483 - Arcetri 1540]

Storico, scrittore e uomo politico, Guicciardini, come Machiavelli, crede nella capacità dell'individuo di guidare la storia, ma, a differenza di Machiavelli, non crede nella sua capacità di cambiare il corso degli eventi. Manca in Giucciardini un ideale che vada oltre gli interessi dell'individuo, cioè uno stato che possieda una propria moralità; ciò rende la sua visione più scettica e pessimistica. La sua grandezza di storico è rappresentata nella sua *Storia d'Italia*.

La seconda metà del XVI secolo è dominata dalla Controriforma. Il clima culturale non è più quello di inizio secolo e l'entusiasmo e l'apertura alla vita che avevano caratterizzato gli umanisti e loro successori lascia il posto alla sottomissione all'autorità con un diminuito interesse verso la vita sociale. Ma c'è ancora spazio per voci dissonanti come quella del filosofo Giordano Bruno i cui dialoghi attaccano la pedanteria e l'autoritarismo nonché l'autorità della Chiesa. Bruno verrà accusato di eresia e bruciato vivo. Nonostante il clima prevalente di repressione un'altra personalità, di grande capacità immaginativa, fa sentire la sua voce, il poeta Torquato Tasso.

TORQUATO TASSO [Sorrento 1544 - Roma 1595]

Il suo capolavoro, la *Gerusalemme liberata*, è un poema epico che narra le vicende della Prima Crociata ma in modo più semplice e breve rispetto all'*Orlando Furioso*, inoltre il tono è questa volta serio. La sua sensibilità opposta alla grande moralità del periodo, le sue posizioni non ortodosse in campo religioso, il senso di insicurezza e solitudine fanno della *Gerusalemme Liberata* un poema in cui la forza e la sicurezza dell'uomo rinascimentale lasciano il posto a una riflessione sulla caducità della vita umana in cui l'amore e l'avventura sono in perpetuo conflitto con la spiritualità tipica del suo periodo.

Il XVII e il XVIII secolo

L'Italia nell'ultima parte del XVII secolo è diventata un grande terreno di battaglia a causa delle continue guerre con la Spagna, la Francia e l'Austria. Nello stesso tempo il mediterraneo comincia a perdere la sua importanza commerciale a favore dell'Oceano Atlantico e ciò crea il progressivo declino economico dell'Italia. Le potenti città stato si ripiegano in comunità provinciali e la maggior parte dell'Italia nel XVII e XVIII secolo è sotto le dominazioni spagnole o austriache.
Lo stile predominante del XVII secolo, non solo in letteratura ma anche nell'arte e nella musica, è il barocco, espressione di una sensibilità eccessiva e cupa. La poesia e il teatro sono caratterizzate da un'immaginazione stravagante e ricchissima di metafore e da un'espressione altamente retorica. La poesia di **Giambattista Marino** è un'importante espressione di questa tendenza, la sua opera *Adone* è un esempio di grande virtuosismo poetico.
Verso la fine del 1600 un movimento si oppone all'affettazione e alla mancanza di moderazione dello stile barocco. I principali esponenti di questa tendenza appartengono all'Arcadia, una società fondata a Roma nel 1690. Il gruppo promuove un ritorno alla semplicità e alla naturalezza propria della poesia pastorale greca a cui si rifà anche il termine "arcadia".
Il poeta e drammaturgo **Pietro Metastasio** (1698 - 1792) è senza dubbio l'esponente più importante di questa corrente letteraria. È poeta di corte a Vienna, capitale dell'impero austriaco, e i suoi drammi sono espressione di un lirismo idillico e sognante, espressi in una lingua altamente musicale. Metastasio è anche il co-fondatore della prima rivista di critica letteraria, il *Giornale dei letterati d'Italia*.

CARLO GOLDONI [Venezia 1707 - Parigi 1793]

L'influenza dell'Arcadia è molto forte anche nel teatro di Carlo Goldoni, uno dei più grandi autori di teatro italiani. Tra le sue famosissime opere teatrali si ricordano: *La locandiera, Il ventaglio, Le baruffe chiozzotte*. Goldoni ha sviluppato il suo stile in reazione alla Commedia dell'arte che si basava su personaggi stereotipati e su situazioni comiche fisse le cui trame erano decise dalle compagnie di attori girovaghi. I personaggi principali erano le cosiddette "maschere" (Pantalone, Arlecchino, Colombina, ecc.) di cui gli attori improvvisavano i dialoghi delle varie rappresentazioni. I personaggi di Goldoni non sono più maschere, ma personaggi realistici e credibili, le cui vicende non sono più basate su complicati intrighi, ma su situazioni più semplici in cui il carattere e i vizi e i pregi dei personaggi sono influenzati dall'ambiente a cui appartengono.

A partire dal 1700 e nel secolo successivo le idee dell'illuminismo francese si fanno strada anche in Italia e influenzano notevolmente la scena culturale. Gli scrittori e i pensatori italiani credono fortemente nel contatto e nello scambio con il resto della cultura europea. L'illuminismo significa quindi una maggiore attenzione e vicinanza, anche da parte della letteratura, ai problemi e alle tematiche dell'attualità e della vita contemporanea che avrebbero contribuito alla crescita sociale e morale. L'organo principale della vita intellettuale di questo periodo è la rivista di Milano *Il caffè*, mentre il pensatore che domina la scena del periodo è il giurista **Cesare Beccaria**. I poeti Giuseppe Parini e Vittorio Alfieri sono tra i letterati che reagiscono in modo più diretto all'eccessiva influenza straniera durante il 1700 e cercano di promuovere l'unità e l'orgoglio nazionale di fronte alla dominazione straniera.

GIUSEPPE PARINI [Asti 1749 - Firenze 1803]

Molto forte è il suo impegno morale per la diffusione delle idee illuministiche di progresso e ideali umanitari.
Parini è conosciuto soprattutto per la satira sociale del poema eroicomico *Il giorno* dove attacca con forte ironia i vizi dell'aristocrazia, la sua inutilità, frivolezza e immoralità.
Contrariamente però a molti pensatori francesi del periodo, Parini resta comunque un moderato rispettoso delle tradizioni classiche e della Chiesa.

VITTORIO ALFIERI [Asti 1749 - Firenze 1803]

Poeta e drammaturgo, può essere visto come il precursore di molti temi e forme che saranno poi del Romanticismo, nella sua autobiografia offre infatti il ritratto di un personaggio combattuto e romantico che, dopo una giovinezza aristocratica si dedica con vigore e attività frenetica alla vita intellettuale. Reagisce con forza alla razionalità dominante del periodo e le sue opere sia poetiche che teatrali sono pervase da un grande odio per la tirannia a favore della libertà dell'individuo e della sua ribellione eroica contro ogni oppressione sia politica che intellettuale. Tra le sue 21 tragedie in endecasillabi sciolti si ricordano *Saul* e *Mirra*, drammi della solitudine, della lotta dell'individuo contro le leggi della natura e del fato, tematiche che sono presenti anche in *Filippo*, *Antigone*, *Agamennone*, *Oreste*. Mentre altre tragedie hanno come tema la libertà e diventeranno molto popolari soprattutto durante la lotta per la liberazione nazionale del 1800. Ricordiamo: *Virginia*, *La congiura de' Pazzi*, *Timoleone*, *Bruto Primo* e *Bruto secondo*.

Il XIX secolo

Questo secolo vede l'Italia combattere per la liberazione dalle dominazioni straniere e per l'unificazione del paese, questo movimento sarà chiamato Risorgimento e si concluderà con l'unificazione del paese nel 1861. Durante il periodo della dominazione napoleonica si farà strada, prima in campo artistico e poi in campo letterario, il neoclassicismo, un movimento di rinascita dell'interesse per i classici latini e greci di cui si cerca di imitare la semplicità, gli ideali di perfezione umana e spirituale, di bellezza e di armonia delle forme.
Ma anche le idee proprie del romanticismo, il suo interesse per la storia e soprattutto la tradizione incoraggiano anche in letteratura il nazionalismo e il patriottismo.

UGO FOSCOLO [Zante 1778 - Londra 1827]

Tra i poeti più importanti di questo secolo Foscolo esprime molto bene il momento di passaggio dalle idee dell'illuminismo al romanticismo, dalla rivoluzione francese alla Restaurazione. Dopo aver combattuto contro gli austriaci ed essere stato professore universitario morirà in esilio a Londra. Nella sua produzione letteraria si distinguono due linee; quella romantico autobiografica che inizia con il romanzo epistolare *Le ultime lettere di Jacopo Ortis* in cui fonde autobiografia e patriottismo e che comprende anche i sonetti e *I sepolcri* dove esalta la poesia come mezzo per rendere eterni i valori umani e civili e la linea neoclassica e contemplativa delle odi e dell'opera incompiuta *Le grazie*. Foscolo è anche traduttore di classici, famosa è la sua traduzione dell'*Iliade* di Omero.

GIACOMO LEOPARDI [Recanati 1798 - Napoli 1837]

È uno dei più grandi poeti della letteratura italiana e sicuramente uno dei maggiori della letteratura europea dell'800. Adolescente è già traduttore di classici greci e latini e autore di opere erudite e tragedie. Dal 1816 si dedica alla poesia e alla meditazione filosofica sull'infelicità che lo porta a rifiutare le facili forme consolatorie del romanticismo e del liberalismo patriottico del suo tempo. La sua visione cruda della vita, la sua profonda sensibilità e capacità di introspezione unite a un amaro disincanto rispetto agli ideali romantici lo portano a rifiutare facili consolazioni e a costruire una filosofia in cui la Natura è crudele e spietata. Tra le sue opere in prosa ricordiamo l'*Epistolario*, lo *Zibaldone* e le *Operette morali*, mentre le sue opere poetiche sono raccolte nei *Canti* (1831-35). Di questa raccolta fanno parte poesie di carattere patriottico come *All'Italia* e *Ad Angelo Mai*, i primi idilli come *L'infinito* e la *Sera del dì' di festa*, poesie filosofiche come *Ultimo canto di Saffo*, i grandi idilli come *A Silvia*, *Le ricordanze*, *Il sabato del villaggio*, ma anche *Amore e morte*, *A se stesso* fino alla *Ginestra* canto di forte opposizione alla natura.

ALESSANDRO MANZONI [Milano 1785 - 1873]

Nella concezione di Manzoni si fondono gli ideali illuministici e romantici di giustizia, libertà e democrazia con una profonda fede cattolica e un forte impegno morale e civile. Alla sua convinzione che la storia dell'uomo sia segnata dalla provvidenza divina si unisce la convinzione che la lingua dello scrittore debba essere nazionale e popolare. Questa visione è espressa molto bene nel suo famosissimo romanzo storico *I promessi sposi*, la storia di due umili innamorati, due contadini, che combattono contro l'oppressione e il destino ostile nell'Italia del 1600 dominata dagli spagnoli. Sarà solo la completa fiducia nel volere divino, più che le azioni umane, che permetterà il trionfo del bene sul male. Le sue forti preoccupazioni religiose sono espresse negli *Inni sacri,* mentre le sue ultime opere sono pervase da un forte spirito pietistico. Molto profonda e sottile è l'interpretazione storica e psicologica nelle due tragedie: Il conte di *Carmagnola e Adelchi*. La sua grande preoccupazione per la lingua italiana che nel corso dei secoli è diventata un insieme, spesso confuso e ripetitivo di termini provenienti da diversi dialetti, lo porta a un ritorno all'uso del dialetto fiorentino parlato.

Durante l'ultima parte del secolo l'influenza di Manzoni e del romanticismo provoca una forte reazione con un ritorno alle caratteristiche del classicismo con una forte razionalità opposta all'idealismo e misticismo romantici e alla pietà della religione cattolica.
Un autore che segna il passaggio dal romanzo storico manzoniano a quello veristico è **Ippolito Nievo** (1831-1861). Il suo capolavoro è il romanzo postumo *Le confessioni di un italiano*, la cui idea di fondo è di raffigurare, attraverso le vicende del protagonista, il processo di formazione dell'unità d'Italia.

GIOSUÈ CARDUCCI [Valdicastello Lucca 1835 - Bologna 1907]

Poeta e critico letterario è premio Nobel 1906.
La fonte principale di ispirazione di questo grande poeta sono gli ideali del mito classico uniti alla sua forte fiducia nella dignità dell'essere umano, nella sua forza morale ed eroismo unite a una vigorosa visione della bellezza e della natura. La sua vena è antiromantica e anticlericale e considera la sua missione di uomo di lettere anche una missione politica di guida del suo paese. Non mancano nella sua produzione momenti di intensa malinconia come nelle *Rime nuove* e nelle *Odi barbare*.

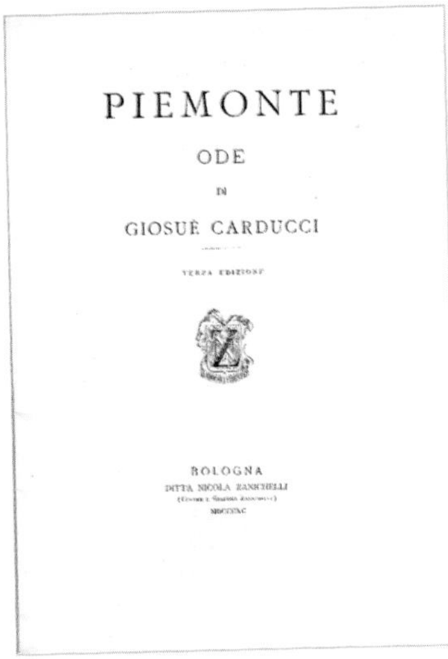

La letteratura del **verismo** nasce da una forte reazione sia al classicismo che al romanticismo. Si tratta di una rivolta contro una letteratura rivolta al passato che affonda le sue radici più nei libri che nella realtà. Alla retorica e al lirismo si preferisce uno stile semplice e una visione il più possibile obiettiva della realtà non influenzata dai sentimenti e dalle emozioni dello scrittore. Nell'uso della lingua si darà grande importanza quindi ai dialetti e a un linguaggio più vicino a quello parlato dalla gente comune.
Il più grande romanziere verista sarà **Giovanni Verga** (**1840 - 1922**); protagonisti dei suoi romanzi sono gli umili contadini siciliani, ritratti con forte realismo e impersonalità uniti anche a una grande pietà per il loro destino storico e umano. Tra i suoi romanzi più famosi si ricordano *I Malavoglia* e *Mastro don Gesualdo*.
In opposizione al verismo troviamo invece i romanzi e le poesie di **Antonio Fogazzaro** (1842-1911) che reagisce al razionalismo con una poesia di carattere soggettivo in cui una profonda religiosità porta con sé una vena spirituale di mistero e di sensualità unita anche a una critica alle autorità della chiesa cattolica. I suoi romanzi rispecchiano la crisi dell'uomo moderno davanti alla rivoluzione sociale e scientifica.
Tra i più famosi ricordiamo *Malombra* e *Piccolo mondo antico*.

GIOVANNI PASCOLI (San Mauro di Romagna 1855 - Bologna 1912)

Uno dei maggiori poeti del '900 italiano rispecchia la crisi del suo periodo combattuto tra l'inizio dei cambiamenti sociali e la perdita della fede nella scienza. Poeta di raffinata sensibilità e di grandi sperimentazioni metriche e stilistiche, la sua visione della vita come mistero lo porta a riscoprire il mondo dell'infanzia e della natura vista come salvezza. Non mancano nella sua produzione poesie che interpretano in chiave simbolista il mondo classico, come pure poesie di impegno patriottico e civile. Tra le raccolte di poesie si ricorda: *Myricae* e *Canti di Castelvecchio*, importanti sono i suoi saggi su Dante; grande è l'influenza di Pascoli tra i suoi contemporanei e i poeti più moderni come Eugenio Montale.

L'inizio del nuovo secolo trova la politica italiana alle prese con l'espansione del suo impero coloniale e in letteratura si fa avanti un forte interesse per l'individuo più che per temi di carattere sociale.
Tra gli scrittori del XIX secolo che maggiormente influenzeranno la letteratura italiana del XX secolo troviamo la forte personalità di Gabriele D'Annunzio.

GABRIELE D'ANNUNZIO (Pescara 1863 - Gardone 1938)

La sua produzione letteraria spazia tra poesia, romanzi, opere teatrali e libretti d'opera. Rompe definitivamente con il razionalismo e gli ideali romantici per dedicarsi all'irrazionale, a una sorta di misticismo estetico legato a un sentimento naturalistico e sensuale attraverso il quale scava nelle profondità dell'essere umano e del suo rapporto con la natura. Partecipa attivamente alla vita politica e militare del suo tempo con interventi spesso ad effetto in accordo con la sua fortissima personalità. Notevoli sono le sue innovazioni tecniche e linguistiche soprattutto in ambito poetico: *Laudi* (in 4 libri). Tra i romanzi ricordiamo *Il trionfo della morte, Il piacere, L'innocente*. Tra le opere teatrali: *La figlia di Iorio, La fiaccola sotto il moggio, Fedra.*

Il XX secolo

All'inizio del nuovo secolo un sentimento di ansietà e insicurezza, causato dalla perdita di fede nel positivismo, nella scienza e nella ragione, si ritrova nei poeti "crepuscolari". Tra di loro prevale un senso di forte disillusione, ripiegamento su se stessi e allontanamento dalle tematiche politiche e dell'impegno civile. Una voce di languida malinconia è quella del poeta **Guido Gozzano** (1883 - 1916) che usa con maestria un linguaggio semplice e colloquiale.
Totalmente opposto allo spirito crepuscolare sono le grandi innovazioni del futurismo che portano grandi cambiamenti nel mondo letterario, una nuova concezione degli stili di vita e una nuova filosofia.
I futuristi, tra cui ricordiamo il fondatore, **Filippo Tommaso Marinetti** (1876 - 1944), sono portatori del grande dinamismo, tratto anche dall'emergente industrializzazione, del nascente mondo moderno attraverso un'esaltazione delle macchine, della velocità, dell'energia, dell'eroismo e della guerra.
In campo più strettamente linguistico promuovono una forte semplificazione della sintassi e della metrica attraverso l'uso di una lingua essenziale.

LUIGI PIRANDELLO (Agrigento 1867 - Roma 1936)

Premio Nobel per la letteratura nel 1934, Pirandello è sia un grande romanziere e scrittore di racconti che un grandissimo drammaturgo. Se le sue origini letterarie partono dal verismo, presto trova una vena molto personale fatta di ironia amara e paradossale. Al centro della sua ricerca c'è l'individualità umana con le sue ansietà per una vita piena e sogni di grandezza che rimangono però tali e che terminano nel vuoto, e nel disincanto. I suoi romanzi più conosciuti sono *Il fu Mattia Pascal, Uno, nessuno, centomila e I vecchi e i giovani*. Tra le sue famosissime opere teatrali si ricorda: *Liolà, Pensaci Giacomino, Sei personaggi in cerca d'autore, Enrico IV, Così è (se vi pare), Il berretto a sonagli, Questa sera si recita a soggetto.*

ITALO SVEVO pseudonimo di Ettore Schmitz (Trieste 1861 - Motta di Livenza 1928)

Di cultura mitteleuropea, è diventato famoso e conosciuto in Italia solo dopo la sua morte. Anche nei suoi romanzi, come nelle opere di Pirandello, si fa strada la crisi del realismo ottocentesco che si tramuta in profonda ricerca psicologica che si avvale di grande introspezione e di strumenti presi dalla nascente psicanalisi. Nei suoi romanzi (*Una vita, Senilità, La coscienza di Zeno*) il mondo esterno vive solo nella coscienza dei personaggi impegnati a ricostruire le linee del loro tempo interiore.

Da ricordare l'opera di **Federigo Tozzi** (1883 - 1920), narratore influenzato da Verga e Dostoevskij le sue opere sono pervase da un fortissimo senso della realtà descritta con attenzione ossessiva fino a scivolare in una sorta di iperrealismo. La sua scrittura raggiunge violenze espressionistiche che rendono bene i caratteri allucinati di storie cupe e senza speranza. Ricordiamo i romanzi: *Bestie*, *Con gli occhi chiusi*, *Tre croci e Il podere*.
Il più grande pensatore del nuovo secolo è **Benedetto Croce** (1866 - 1952), filosofo, uomo di stato, storico e critico letterario la cui influenza e fama sono riconosciute anche fuori dai confini nazionali. Croce sottolinea l'importanza dell'individuo in quanto creatore che riafferma i grandi valori spirituali, mentre la sua concezione della storia è dominata dall'idea del progresso verso la libertà. In campo più strettamente letterario getta le basi del canone estetico. Forte opponente del positivismo e fautore di un forte idealismo crede fermamente nell'impegno dell'intellettuale nella vita pubblica e politica, questo suo impegno si è materializzato in una decisa opposizione al fascismo. La sua maggiore opera filosofica è *Filosofia come scienza dello spirito*.
L'insorgere del fascismo frena in parte la vitalità della letteratura italiana, ma non riesce comunque a creare un tipo di letteratura congeniale al governo in carica. Tutte le grandi personalità di questo periodo reagiscono in modo forte alle grandi limitazioni della libertà imposte da Mussolini. Le prime voci dissonanti sono quelle di **Giuseppe Antonio Borgese** che scrive le sue prime opere in inglese, **Ignazio Silone**, esiliato, conosce una maggiore popolarità all'estero per le sue opere di impegno politico, mentre il giornalista e scrittore **Curzio Malaparte**, dopo la sua vita militare al servizio del fascismo, ripudierà Mussolini. Il suo romanzo più famoso, *Kaputt*, è un ritratto della degenerazione morale e culturale dell'Europa sotto il fascismo.
È però durante il fascismo che nasce il movimento poetico chiamato Ermetismo: principali esponenti di questa corrente sono i poeti **Salvatore Quasimodo** (1901 - 1968, premio Nobel nel 1959)**, Giuseppe Ungaretti** ed **Eugenio Montale.**

GIUSEPPE UNGARETTI (Alessandria d'Egitto 1888 - Milano 1970)

La sua prima raccolta di poesie *Allegria di naufragi*, scritte in trincea durante la prima guerra mondiale, contiene liriche di forza rivoluzionaria fatte spesso di versi brevissimi incentrati su forti e toccanti immagini. Ungaretti è stato anche un importante traduttore.

EUGENIO MONTALE (Genova 1896 - Milano 1981)

Premio Nobel per la letteratura nel 1975. Le sue poesie di stile meditativo e scabro sono segnate da un sentimento doloroso della vita, dall'idea di un universo destinato alla sconfitta, la speranza o l'illusione della salvezza è data a tratti, quasi come un incanto, dall'apparizione di piccole cose emblematiche, di simboli. L'uso della lingua è innovativo e le parole si combinano in nuove analogie. Tra le sue raccolte poetiche ricordiamo: *Ossi di seppia, La bufera* e *Le occasioni*, tra le prose: *Auto da fé*.

La cultura italiana subisce un profondo rinnovamento e ha inizio un periodo di grande e nuova creatività negli anni che seguono la fine della seconda guerra mondiale. Nasce un nuovo tipo di realismo che si fa strada prima nel cinema (neorealismo) e poi soprattutto nel romanzo.
Tra i principali esponenti di questa corrente troviamo **Elio Vittorini** (1908 - 1966) e **Cesare Pavese** (1908 - 1950). Entrambi iniziano con la "scoperta" della letteratura americana, proibita in Italia durante il fascismo, e sviluppano in seguito un personale lirismo e un originale autobiografismo. Vittorini sarà anche una figura intellettuale molto attiva e si occuperà tra le altre cose del difficile rapporto tra intellettuali e regime politico. Tra i romanzi più conosciuti di Vittorini troviamo: *Conversazione in Sicilia* e *Uomini e no*. Pavese è invece l'autore di romanzi come *La luna* e *i falò*, *Il diavolo sulle colline*, *La bella estate* e l'opera *Dialoghi con Leucò*. Tra le raccolte di versi: *Lavorare stanca*, *Verrà la morte* e *avrà i tuoi occhi* e il diario *Il mestiere di vivere*.
Di questo stesso periodo sono i romanzi di **Giuseppe Fenoglio** (1922 - 1963) che si ispirano alla lotta

partigiana e alla vita dei contadini delle Langhe (Piemonte). Ricordiamo la raccolta di racconti *I ventitré giorni della città di Alba*, i romanzi *Un giorno di fuoco, Una questione privata e Il partigiano Johnny*. Un romanzo che otterrà un grande successo, anche internazionale, è il romanzo *Il Gattopardo* di **Giuseppe Tomasi di Lampedusa** (1856 - 1957), la storia è ambientata in una famiglia dell'aristocrazia siciliana durante il Risorgimento.
Altri importanti romanzieri del periodo che si occupano di tematiche legate alla seconda guerra mondiale anche in chiave autobiografica sono **Primo Levi** (1919 - 1987) con i romanzi *Se questo è un uomo*, *la Tregua* e *La chiave a stella* e **Giorgio Bassani** (1916 - 2000) con *Cinque storie ferraresi*, *Gli occhiali d'oro* e *Il giardino dei Finzi-Contini*.
Un romanziere che ha raggiunto una grande fama anche internazionale è lo scrittore **Alberto Moravia** (Alberto Pincherle 1907 - 1990). Di grande interesse i primi romanzi come *Gli indifferenti* e la raccolta dei *Racconti romani*. In seguito scriverà romanzi incentrati sui dilemmi morali di uomini e donne intrappolati nelle convenzioni sociali e morali della borghesia. Altri romanzi di successo sono: *La noia e Il disprezzo*.

CARLO EMILIO GADDA (Milano 1893 - Roma 1973)

Scrittore che rinnova la narrativa del '900, attraverso un uso geniale di dialetti, tecnicismi e linguaggi diversi, e un continuo stravolgimento delle strutture romanzesche tradizionali. I suoi libri più famosi sono *Quer pasticciaccio brutto de via Merulana, La cognizione del dolore e i racconti de L'Adalgisa.*

Tra gli altri scrittori del dopoguerra di notevole spessore letterario ricordiamo **Dino Buzzati** (1906-1972), narratore dalla vena surreale e allegorica. Tra le sue opere notevole successo ha ottenuto il romanzo *Il deserto dei Tartari* e le varie raccolte di racconti *La boutique del mistero*, *Sessanta racconti* e *Il crollo della Baliverna*.
I romanzi di **Elsa Morante** (1912 - 1985) hanno una vocazione favolosa e magica e vena epica. Si ricordano: *Menzogna e sortilegio*, *L'isola di Arturo e La Storia*.
Protagonista della vita intellettuale degli anni '60 e '70 è lo scrittore e regista **Pier Paolo Pasolini** (1922-1975). L'opera di Pasolini è una sintesi tra il neorealismo del dopoguerra e l'espressionismo di Gadda, la sua inquieta ricerca lo ha portato a esplorare il mondo del sottoproletariato romano nei romanzi: *Ragazzi di vita* e *Una vita violenta*. Tra le sue raccolte poetiche spiccano *Le ceneri di Gramsci*, *La religione del mio tempo* e *Trasumanar e organizzar*.

ITALO CALVINO (Santiago de Las Vegas, *Cuba* - 1923 - Siena 1985)

Dopo gli esordi neorealistici con la raccolta di racconti *Ultimo viene il corvo* e il romanzo *Il sentiero dei nidi di ragno*, scrive romanzi ironico-grotteschi come la trilogia I nostri antenati (*Il Visconte dimezzato, Il barone rampante, Il cavaliere inesistente*). Grande successo ha il suo romanzo *Se una notte d'inverno un viaggiatore*, in cui la letteratura e il lettore diventano tra i protagonisti della storia. Il tema del suo ultimo romanzo *Palomar* è la vanità del tentativo di comprendere la condizione umana.

LEONARDO SCIASCIA (Racalmuto 1921 - Palermo 1989)

Romanziere dalla lucidità illuministica e dal taglio narrativo di stile poliziesco ha denunciato con grande intelligenza i mali della società siciliana e italiana. Tra i suoi romanzi più famosi ricordiamo : *Il giorno della civetta, A ciascuno il suo, Todo Modo, Il contesto* e *Una storia semplice.*

Grande successo internazionale di critica e pubblico ottiene il romanzo *Il nome della rosa* del semiologo **Umberto Eco** (1932) che ambienta la sua storia di misteri in un'accurata ambientazione medievale. Altri suoi romanzi sono Il *pendolo di Foucault*, *L'isola del giorno prima* e *Baudolino*.
Tra gli scrittori contemporanei di più vasta fama si segnalano: **Pier Vittorio Tondelli**, **Antonio Tabucchi**, **Daniele Del Giudice**, **Sebastiano Vassalli**, **Alessandro Baricco**.

DARIO FO [Leggiuno 1926]

Grande esponente del teatro contemporaneo, autore e attore, vince il premio nobel nel 1997. Dopo una serie di spettacoli ispirati alla comica popolare, dà vita a rappresentazioni di satira sociale, politica e religiosa rappresentando in chiave grottesca i principali conflitti e contraddizioni della società contemporanea. Con *Mistero buffo* Fo reinventa e interpreta in chiave personale il teatro popolare medievale. Con *Morte accidentale di un anarchico* narra una della vicende più contrastate della recente storia politica italiana, la morte rimasta misteriosa dell'anarchico Pinelli accusato della strage di Piazza Fontana.

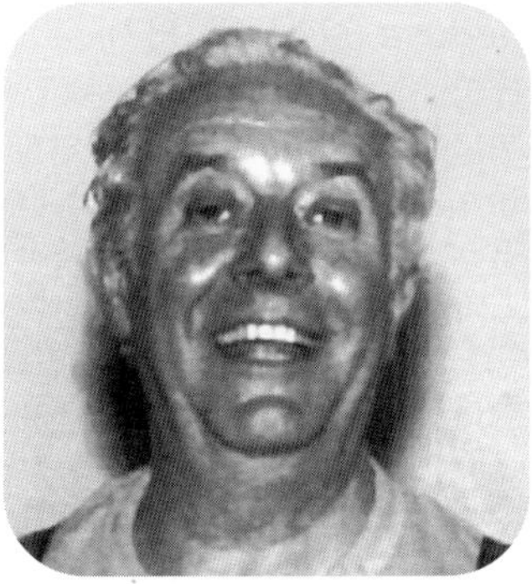

Negli ultimi anni del XX secolo e all'inizio del nuovo millennio ottiene un grande successo di pubblico lo scrittore siciliano **Andrea Camilleri** (1925) che, attraverso le avventure poliziesche dell'irriducibile commissario Montalbano, denuncia le brutture della mafia in un linguaggio che echeggia alcune caratteristiche del dialetto della sua terra.

Babbeo: sciocco, stupido, credulone.
Brigante: nel passato che assaliva e rapinava i viaggiatori.
Controriforma: restaurazione e riaffermazione dei valori della spiritualità cattolica in concorrenza con il luteranesimo e gli altri movimenti riformatori protestanti, operate dalla Chiesa di Roma nel Concilio di Trento (1545-1563).
Crudo: rude, rozzo.
Disincanto: perdita delle illusioni dei sogni e delle speranze.
Endecasillabi sciolti: verso di undici sillabe senza rima.
Erudito: di grande cultura.
Idillio: componimento poetico di argomento agreste e pastorale.
Illuminismo: movimento filosofico che mette al primo posto la razionalità umana.
Paladino: cavaliere di Carlo Magno.
Poemi cavallereschi: genere epico della letteratura romanza che narra le imprese dei cavalieri.
Poemi del ciclo carolingio: che narrano le imprese di Carlo Magno.
Pseudonimo: nome di fantasia con cui un artista firma le proprie opere.
Saraceni: nel medioevo così venivano chiamati gli arabi e i mussulmani.
Spietato: che non ha pietà, crudele, senza cuore.
Teocratico: da teocrazia, dottrina politica che vede il potere civile subordinato a quello religioso.
Ultraterreno: oltre, al di là della vita sulla terra.
Vernacolo: parlata caratteristica di un'area geografica.

la musica classica

Le origini

Si deve a un monaco benedettino italiano, Guido d'Arezzo, l'invenzione della scala musicale, il tetragramma, nel X secolo.
I primi esempi di polifonia si hanno in Italia verso la metà del 1300 e le forme principali che assume sono il *madrigale*, la *ballata* e la *caccia*.
Ma sarà nel Rinascimento che la musica italiana darà esempi di grande portata con un nuovo senso dell'armonia che si lega con perfetto equilibrio con la scrittura polifonica e lo stile contrappuntistico.

La scuola veneziana

Andrea Gabrieli (1510 circa - 1586) e il nipote e allievo **Giovanni** (1557 circa - 1612) sono i due rappresentanti più geniali di questa prestigiosa scuola. Entrambi organisti della Basilica di San Marco praticano tutti i generi del loro tempo, dalla polifonia al madrigale, mescolando voci e strumenti. In contrapposizione alla più "seria" scuola romana, la musica della Repubblica veneziana ci offre il fasto, la ricchezza e la gioia di vivere che si respira nella prosperosa Venezia. Andrea crea un tipo d'orchestra in cui gli strumenti hanno una precisa funzione artistica e non sono più solo un accompagnamento o sostituzione delle voci.

La scuola romana

Sarà quasi esclusivamente la musica sacra, sotto l'influsso della Controriforma, a dominare la produzione di questa scuola che tende a semplificare il contrappunto per portarlo al massimo grado di purezza armonica e chiarezza.
Giovanni Pierluigi da Palestrina (1525 circa - 1594), maestro indiscusso di questa scuola ha musicato più di cento messe "a cappella" (con voci sole), tra cui ricordiamo la famosa *Missa Papae Marcelli*.

Giovanni Pierluigi da Palestrina

Il barocco

Gli strumenti solistici più diffusi all'inizio del XVI secolo sono il liuto e l'organo e le forme musicali più diffuse, oltre alla nascente opera, sono la cantata e l'oratorio. Con **Girolamo Frescobaldi** (1583-1643) l'elaborazione dello stile cembalo-organistico raggiunge una perfezione polifonica non minore di quella della musica vocale. Mentre, per quanto riguarda la musica sacra e in particolare l'oratorio, sarà **Giacomo Carissimi** (1605 -1674) che porterà questo genere alla perfezione attraverso una fusione perfetta di genio musicale e modo d'espressione.
Si deve ad **Arcangelo Corelli** (1653 -1713) la definizione formale della Sonata a due (violino e basso continuo) e del concerto barocco che si diffondono in tutta Europa. Grazie al suo lavoro i progressi tecnici sono grandissimi e sempre uniti ad altissimi valori artistici.

Girolamo Frescobaldi

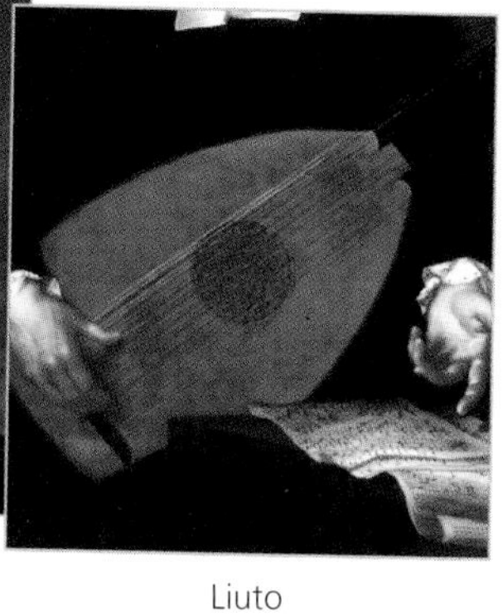

Liuto

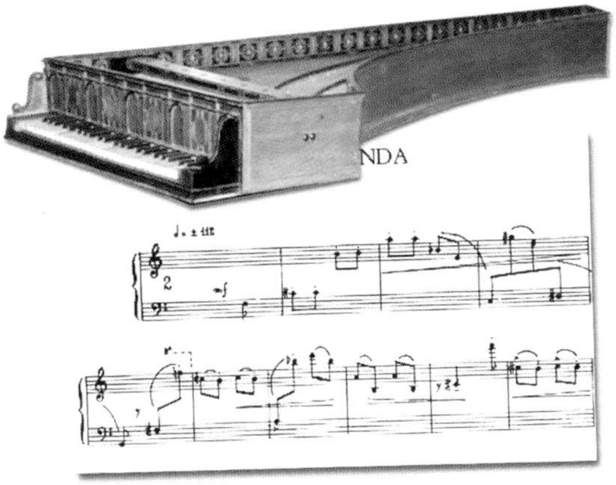

Clavicembalo

Il veneziano **Antonio Vivaldi** (1678 - 1741) porterà invece nella forma del concerto grosso un individualismo moderno attraverso una forte drammaticità ed espressività. Uno dei più grandi studiosi italiani di musica classica, Massimo Mila, ha paragonato la rivoluzione di Vivaldi in campo musicale, che porta la musica barocca verso una dinamica più agile e sottile, alla rivoluzione pittorica di Caravaggio nel suo modo di usare la luce e i colori.
Mila suggerisce come alcuni titoli delle raccolte musicali di Vivaldi, *L'estro armonico*, *La stravaganza*, *Il cimento dell'armonia e dell'invenzione*, sembrano riassumere anche la personale concezione dell'arte musicale di Vivaldi fatta di fantasia (estro, stravaganza, invenzione) e di sapere (armonia).
Le 550 Sonate per clavicembalo di **Domenico Scarlatti** (1685 - 1757) raccolgono il meglio del genio musicale del secolo e portano a intravedere il sorgere di uno stile più intensamente drammatico per il quale il clavicembalo si mostra già uno strumento inadatto.

Antonio Vivaldi

Domenico Scarlatti

Antonio Salieri

Niccolò Paganini

Il XVIII e il XIX secolo

Dalla seconda metà del 1700 fino a tutto il 1800 la musica del nostro paese è quasi totalmente dedicata al melodramma, tanto da rendere quasi nulla la produzione strumentale. Non è infatti un caso che quasi tutti i compositori italiani strumentali lavorino e muoiano all'estero, ecco solo alcuni nomi: Domenico Scarlatti, Francesco Geminiani, Giovanni Platti, Pier Antonio Locatelli, Mattia Vento, Felice de Giardini, Luigi Boccherini, G.B. Viotti, Giovanni Cambini, Muzio Clementi.
Il veneto **Antonio Salieri** (1750 - 1825) passa la vita alla corte viennese ed è uno dei personaggi più influenti del panorama musicale europeo del periodo. Maestro di Beethoven, Schubert, Liszt, e Meyerbeer, scrive alcuni dei più bei libretti d'opera per Mozart e compone più di 40 opere, musica sacra, sinfonica e cameristica.
La grande, autentica espressione del genio romantico si materializza in Italia nell'opera di **Niccolò Paganini** (1782 - 1840) compositore e grande virtuoso del violino e anche della chitarra. Le sue conquiste tecniche influenzano la musica pianistica di Liszt.

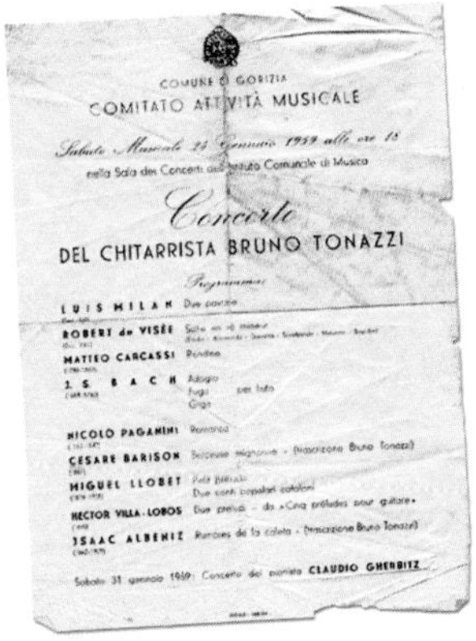
COMITATO ATTIVITÀ MUSICALE
nella Sala dei Concerti dell'Istituto Comunale di Musica
Concerto
DEL CHITARRISTA BRUNO TONAZZI
Programma
LUIS MILAN
ROBERT de VISÉE
MATTEO CARCASSI
J. S. BACH — Adagio, Fuga, Giga
NICOLÒ PAGANINI
CESARE BARISON
MIGUEL LLOBET — Due canti popolari catalani
HECTOR VILLA-LOBOS
ISAAC ALBENIZ
Concerto del pianista CLAUDIO GHERBITZ

Il XIX secolo

Ottorino Respighi

Il rinnovamento della musica italiana di questo secolo è opera soprattutto di un gruppo di musicisti nati verso la fine dell'800: Franco Alfano, Ottorino Respighi, Ildebrando Pizzetti, Gian Francesco Malipiero e Alfredo Casella. Anche se gode ancora del favore del grande pubblico, il melodramma ottocentesco, dopo la morte di Verdi, è in costante declino e non soddisfa più i nostri musicisti che devono però fare i conti con un passato tanto glorioso. Ai tempi, molti di loro sono stati accusati di volere distruggere un'eredità tanto importante e apparentemente insostituibile. Nonostante le differenze individuali di questi compositori tutti guardavano con entusiasmo alla ricerca e avevano una curiosità per il nuovo che accompagnava il sinfonismo strumentale con la sua complessità e densità di armonia.
Ottorino Respighi (1879 - 1936) raccoglie l'eredità di Strauss e Debussy e crea un suo "poema sinfonico" in cui ritroviamo la sensualità estetizzante alla D'Annunzio. Respighi ottiene un grosso successo di pubblico e influenza gli artisti che seguiranno, ricordiamo qui la famosa *Le fontane di Roma*.
Ildebrando Pizzetti (1880 -1968) grande rinnovatore dell'opera teatrale italiana del primo '900 attua un distacco dal melodramma ricercando un più puro e alto ideale di dramma anche attraverso l'uso di

un'impareggiabile vocalità.
La produzione musicale di **Gian Francesco Malipiero** (1882 - 1973) si presenta fortemente antiromantica e lo porta a comporre opere quasi totalmente prive di recitativi e in cui la melodia è padrona della scena in un susseguirsi di canzoni come nell'opera *Sette canzoni*.
Con **Alfredo Casella** (1883 - 1947) la musica italiana diventa spoglia ed essenziale. La favola *La donna serpente* può essere considerata un'antologia dei suoi modi più riusciti.

Ildebrando Pizzetti

Alfredo Casella

Gian Francesco Malipiero

Le ultime generazioni

Per la generazione seguente di musicisti, tra i quali ricordiamo **Goffredo Petrassi** (1904) maestro del neoclassicismo tonale e **Luigi Dallapiccola** (1904 - 1975), le innovazioni non sono più una ricerca ma una conquista acquisita. Dallapiccola introduce in Italia la tecnica dodecafonica e la sua musica è attraversata da una vena lirica purissima e da forti elementi morali che a volte conoscono la possibilità di ribellione e di protesta al freddo determinismo che anima la società moderna.
Luigi Nono (1924 - 1990) partito da esperienze con la musica seriale ed elettronica ha accompagnato le sue composizioni con un deciso impegno sociale e politico.
Luciano Berio (1925) è stato tra i primi in Italia a dedicarsi alla musica elettronica e utilizza una grande varietà di mezzi e di linguaggi musicali prendendo spunti anche dalla tradizione popolare.
Sylvano Bussotti (1931) con un personale linguaggio estetizzante ha dato importanza anche agli elementi gestuali e grafici della musica.

Luigi Dallapiccola

Luciano Berio

Luigi Nono

Sylvano Bussotti

La musica per il cinematografo

Nino Rota (1911-1979) ricordato dal critico Massimo Mila come promettente allievo di Pizzetti e compositore che si richiama all'opera del '700 - '800 è ricordato dal grande pubblico come l'autore di indimenticabili colonne sonore nei film di Federico Fellini e Luchino Visconti.
Un altro compositore di musica per film è **Ennio Morricone** (1928) di cui ricordiamo molte colonne sonore di successo, come per esempio, quelle scritte per i film di Sergio Leone.

Armonia: pratica e teoria della formazione dei suoni e degli accordi musicali.
Contrappuntistico: contrappunto: l'arte di mettere insieme, combinare più linee melodiche.
Madrigale: composizione polifonica (a più voci) spesso accompagnata da musica.
Polifonia: l'unione di più suoni o parti, vocali o strumentali che hanno luogo simultaneamente.
Recitativi: parti dell'opera non cantate, ma recitate, parlate.
Virtuoso: che possiede grandi capacità tecniche.

la musica lirica e il melodramma

Spesso gli italiani chiamano così tutto ciò che per gli stranieri è opera. Lirica è anche sinonimo di poesia e quindi è un termine particolarmente adatto a definire il **melodramma**.

Dramma messo in versi (poesia) e musicato. Usato come sinonimo dei termini precedenti

L'opera lirica ha origine alla fine del '500 negli ambienti fiorentini.
Ma il vero padre dell'opera lirica è senza dubbio **Claudio Monteverdi** (Cremona 1567 - Venezia 1643). Si tratta di un compositore sia di musica sacra che profana. Famosi sono i suoi madrigali. Monteverdi è stato il primo a creare delle composizioni che uniscono parole e musica e insieme raccontano una storia, creando quello che sarà un modello per le generazioni di futuri musicisti. Ricordiamo la sua opera teatrale *Orfeo* (1607) e le più "realistiche" opere veneziane come *Il ritorno di Ulisse in patria* (1641) e *L'incoronamento di Poppea*.

Claudio Monteverdi

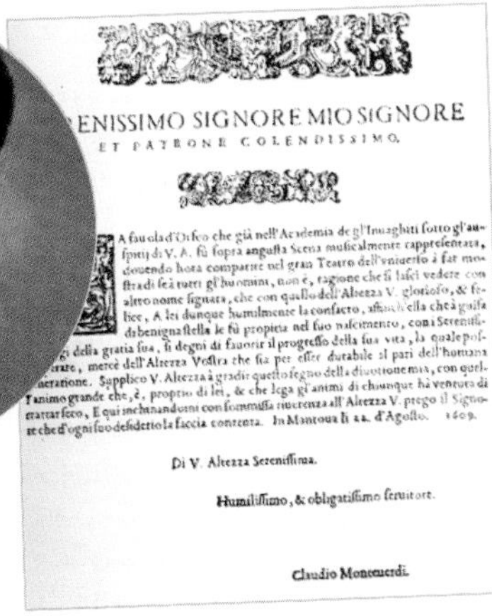

...ENISSIMO SIGNORE MIO SIGNORE
ET PATRONE COLENDISSIMO.

... In Mantoua li 22. d'Agosto. 1609.

Di V. Altezza Sereniſſima.

Humiliſſimo, & obligatiſſimo seruitore.

Claudio Monteuerdi.

Metastasio

Durante il '600 i principali centri italiani in cui si sviluppa questo genere musicale sono Firenze, Roma, Venezia e Napoli. Il '700 diviene poi il secolo di massima diffusione dell'*opera italiana* che diventa ben presto un filone internazionale. All'interno dell'*opera italiana* troviamo l'*opera seria* di argomento eroico o mitologico (ricordiamo i celebri libretti del poeta Metastasio) che segue i modelli di Alessandro Scarlatti (Palermo 1660 - Napoli 1725) e l'*opera buffa* (comica, che fa ridere) senza dubbio la più innovativa. Tra i principali autori di questo filone dell'*opera italiana* troviamo Giovanni Battista Pergolesi (Iesi 1710 - Pozzuoli 1736. *La serva padrona*), Domenico Cimarosa (Aversa 1749 - Venezia 1801. *Il matrimonio segreto*) e Giovanni Paisiello (Taranto 1740 - Napoli 1816. *Il barbiere di Siviglia*).
Questo tipo di opera era formato da *arie* (dedicate all'espressione degli *affetti*), da parti narrative in cui si raccontano i fatti, i *recitativi*, da concertanti a più voci e da una *sinfonia* in apertura.

Giovanni Battista Pergolesi, *La serva padrona*

Domenico Cimarosa, *Il matrimonio segreto*

Giovanni Paisiello, *Il barbiere di Siviglia*

Durante l''800 l'opera italiana perde la sua importanza internazionale, ma in Italia il melodramma rimane la parte più importante della vita musicale fino agli inizi del '900 con grandi compositori come Rossini, Bellini, Donizetti, Mascagni, Verdi e Puccini.
Con il lento decadere della forma tradizionale troviamo, nel corso del '900, l'opera fatta di molti stili di **Bruno Maderna** (Venezia 1920 - Darmstadt 1973) e i misteriosi *paesaggi* sonori di **Luigi Nono** (Venezia 1924 - 1990).

Gioachino Rossini (Pesaro 1792 - Passy, Parigi 1868)

Grande dominatore dei teatri italiani fino al suo trasferimento in Francia. Ha rinnovato la tradizione dell'opera settecentesca ampliando la narrazione e la trama, ha dato più importanza alla caratterizzazione dei personaggi e ha reso più potente il linguaggio musicale. Ancora più importante è stato il suo rinnovamento del genere buffo nel quale ha creato capolavori come *L'italiana in Algeri* e *Il barbiere di Siviglia*.
Le sue opere serie comprendono *La donna del lago*, *Semiramide* e soprattutto il *Guglielmo Tell*.

Gaetano Donizetti (Bergamo 1797 - 1848)

Ha scritto più di 70 opere tra cui *Anna Bolena*, *L'elisir d'amore* e *Lucia di Lammermoor*, in cui già si sentono influssi romantici nordici. Chiamato a Parigi si avvicina alla tradizione francese con "l'opéra-comique" *La figlia del reggimento*, il "grand-opéra" *Les Martyrs* e *La favorita*. Il *Don Pasquale* è un grande ricordo della vecchia opera buffa.

Teatro Donizetti, Bergamo

Vincenzo Bellini (Catania 1801 - Puteaux 1835)

I suoi capolavori sono *Norma* e *La sonnambula*. Il suo linguaggio musicale mostra una sensibilità romantica sostenuta da una classicità di fondo. Il suo talento prende forma in opere di grande tragicità ma anche in un idillio leggero e sereno. Ricordiamo ancora le opere *I Capuleti* e *i Montecchi* e *I puritani*.

Teatro Bellini, Catania

Norma

La sonnambula

Pietro Mascagni (Livorno 1863 - Roma 1945)

Grande successo ha la sua prima opera tratta dallo scrittore Giuseppe Verga *La cavalleria Rusticana*. Con lui inizia la grande stagione del verismo musicale italiano. Nelle altre opere cerca motivi più ricercati, *L'amico Fritz*, *Iris*, *Le maschere*, *Parisina*.

Giuseppe Verdi (Roncole di Busseto, Parma 1813 - Milano 1901)

Di famiglia poverissima e senza studi musicali regolari alle spalle inizia la sua carriera alla Scala di Milano nel 1839 con l'opera *Oberto conte di San Bonifacio*. Ottiene i suoi primi successi con *Nabucco* (1842) e con *I lombardi alla prima crociata* (1843). Queste opere, in quegli anni di grande spirito patriottico, diventeranno la colonna sonora del periodo. Negli anni successivi, dal 1844 al 1850, da lui chiamati "gli anni di galera" (prigione) compone ben 11 opere. Questo periodo si conclude con tre grandi capolavori: *Rigoletto* (1851), *Il trovatore* (1853) e *La traviata* (1853). Verdi fa suo il modello del melodramma seguendo e indovinando i gusti del pubblico, il tutto basato solidamente su un grande mestiere teatrale.

Durante il periodo seguente Verdi si rinnova e comincia a curare maggiormente le parti orchestrali, la psicologia dei personaggi e le strutture drammatiche. Di questo periodo ricordiamo *Simon Boccanegra* (1857), *Don Carlos* (1867), *Un ballo in maschera* (1859), *La forza del destino* (1862) e *Aida* (1871). Con le due sue ultime opere, *Otello* (1887) e *Falstaff* (1893) Verdi crea un linguaggio teatrale moderno che tiene conto dei grandi spazi aperti da Richard Wagner.

Otello

La Traviata

Il Rigoletto

Giacomo Puccini (Lucca 1858 - Bruxelles 1924)

Il melodramma italiano diventa con Puccini ancora più lirico ed espressivo ed egli introduce nella sua musica anche influssi dell'impressionismo musicale francese. I drammi del mondo borghese dell'epoca diventano i protagonisti delle sue opere e le sue ambientazioni borghesi o esotiche hanno una grande importanza nel contesto dell'opera. Ma sono soprattutto le sue indimenticabili figure femminili, delle vere e proprie eroine destinate al sacrificio, che sono ancora oggi nel ricordo di tutti gli appassionati melomani.
Tra le sue opere più famose ricordiamo: *La Bohème* (1896), *Tosca* (1900), *Madama Butterfly* (1904), *Fanciulla del West* (1910) e *Turandot* (1924, incompiuta e terminata da Franco Alfano).

Colonna sonora: la colonna sonora è abitualmente la musica che accompagna un film.

Compositore: chi compone, scrive, musica.

Eroico: che racconta le storie degli antichi eroi.

Esotiche: che si svolgono in luoghi lontani.

Filone: corrente, insieme di idee in comune tra più persone di cultura.

Idillio: componimento poetico di argomento pastorale.

Libretti: componimenti letterari destinati a essere messi in musica. A questo proposito ricordiamo i famosi libretti scritti da **Lorenzo Da Ponte** (Vittorio Veneto 1749 - New York 1838) per W. A. Mozart, *Le nozze di Figaro, Don Giovanni, Così fan tutte.*

Lirico: caratterizzato dall'espressione dell'interiorità dell'artista, la sensibilità, i toni affettivi e sentimentali.

Melomani: persone che hanno una grossa passione per l'opera lirica.

Mitologico: che raccontano le storie degli antichi dei e divinità.

Profana: non sacra, cioè non religiosa.

Trama: insieme delle situazioni della storia. Intreccio, avvenimenti.

Traviata: indica una donna i cui comportamenti morali non si possono definire buoni.

Verismo: movimento artistico italiano alla base del quale sta la descrizione oggettiva della realtà. La corrente letteraria denominata *verismo* deriva dal *naturalismo* francese.

la storia dell'arte

L'arte etrusca

Sarcofago degli Sposi, da Cerveteri, 520 a.c.

È soprattutto l'arte greca e orientale che influenza l'arte etrusca e le permette di staccarsi dalle culture italiche preistoriche. Il periodo di maggiore sviluppo è quello compreso tra il VI e il V secolo a.C., periodo in cui opera l'unico artista di cui conosciamo il nome, Vulca, che partecipa anche alla decorazione del Campidoglio a Roma. Oggi si possono ancora ammirare i dipinti ad affresco nelle tombe etrusche di Tarquinia, Chiusi, Veio e Orvieto; si tratta di raffigurazioni, a colori vivaci, di scene con musicanti, danzatori, partite di caccia e di pesca che rappresentano in modo gioioso il passaggio dal regno dei vivi a quello dei morti.

Arco etrusco, Perugia

Maggiori sono le opere di scultura arrivate fino a noi. Anche in questo caso di tratta di opere che decorano le tombe e che hanno un carattere molto realistico. Le più conosciute e interessanti sono i sarcofagi che rappresentano figure coricate come quello degli *Sposi* (sec. VI), gli altorilievi e le statue come l'*Apollo* di Veio (sec. VI-V) e i *Cavalli* di Tarquinia (sec. IV-III). Alcune di queste importanti opere si possono ammirare presso il *Museo di Valle Giulia* a Roma.

L'*Apollo* di Veio

Tomba della caccia e della pesca, Tarquinia

L'arte romana

I più importanti affreschi che testimoniano l'arte figurativa dei romani sono quelli che decoravano le case di Pompei ed Ercolano e che ora si possono ammirare al *Museo Nazionale* di Napoli. Anche i romani sono stati profondamente influenzati dall'arte greca soprattutto nella pittura, mentre gli scultori romani sviluppano presto un loro stile realistico soprattutto nei ritratti come si osserva ancora nelle statue custodite nei *Musei Capitolini* e nel *Museo Vaticano*. Molto importanti nell'arte romana sono gli altorilievi che decorano quasi tutte le pareti degli edifici dell'epoca. Si tratta di soggetti della storia militare che rappresentano le diverse vittorie militari dell'esercito romano.

Ritratto, *Donna della dinastia Flavia*

Villa dei Misteri, Pompei

Ritratto, *Agrippa*

arte cristiana antica e bizantina (secoli IV-X)

Catacombe *S. Callisto,* Roma

I dipinti che decorano le catacombe cristiane riproducono quasi completamente lo stile dell'arte contemporanea romana anche se i soggetti non celebrano tanto la bellezza fisica o le imprese militari, ma i valori spirituali.
Quando l'imperatore Costantino riconosce e rende legale la religione cristiana si cominciano a usare le tecniche bizantine. L'aggettivo *bizantino* deriva dal nome della colonia greca di *Bisanzio* (si chiama così fino al 330) che diventa poi *Costantinopoli* (fino al 1760) quando è la residenza dell'imperatore Costantino; oggi è Istanbul, città della Turchia. L'arte bizantina nasce da influenze sia greche che romane sulle quali si inseriscono elementi orientali (mesopotamici, persiani, armeni).

Duomo di Monreale, Palermo

Le prime chiese di questo periodo sono decorate con mosaici colorati ed elaborati che attraverso la luce riflessa dal vetro di cui sono fatti, rendono molto potente il soggetto rappresentato. I cristiani delle origini rifiutano le rappresentazioni attraverso le statue perché queste ricordano troppo gli dei della religione pagana, è quindi soprattutto attraverso l'uso del mosaico che si esprime l'arte di questo periodo. Famosi sono i mosaici di Ravenna dei secoli V, VI e VII. Esempi di mosaici di stile bizantino si osservano anche nella Basilica di San Marco e in quella di Santa Maria Assunta a Venezia. Altri esempi si possono ammirare in alcune chiese romane e a Palermo.

Basilica di S. Marco, Venezia

S. Apollinare, Ravenna

Il romanico (secoli XI e XII)

L'arte romanica riprende l'uso del bassorilievo che torna a decorare, dopo quasi tre secoli, soprattutto le chiese costruite in questo periodo. Cominciano a imporsi i primi artisti di questa arte come **Benedetto Antelami** di cui ci resta una *Deposizione* (1178) che si trova nel Duomo di Parma, **Nicolò**, il maggiore artista di questo periodo, di cui possiamo ammirare il portale della Chiesa di San Zeno a Verona (1120 - 1150). Ricordiamo anche **Wiligelmo** (attivo a Modena nel 1100 - 1110), grande maestro del romanico le cui opere principali si trovano nel Duomo di Modena: i *Profeti* e le *Storie della Genesi*, in cui osserviamo un nuovo rapporto tra i personaggi e il fondo del bassorilievo, il tutto esprime una visione drammatica della realtà umana.

Duomo, Modena

La famiglia dei **Pisano**, scultori e architetti di scuola pisana attivi nei secoli XIII e XIV, ha dato all'Italia di questo periodo alcune delle opere gotiche più importanti. Ricordiamo soprattutto le sculture vigorose e realistiche di **Nicola Pisano** che si possono ammirare nel Duomo di Pisa e di Siena, mentre la Fontana Maggiore di Perugia è costruita in collaborazione con il figlio Giovanni, autore, tra le altre cose, di una serie di sculture, i *Profeti* per la facciata del Duomo di Siena.

Nicola Pisano, *Battistero di Pisa*

Duccio di Buoninsegna, *Maestà*

Alla scuola senese (di Siena) appartengono **Duccio da Boninsegna** e **Simone Martini**. Il primo riesce a unire l'arte bizantina con la ricerca gotica piena di colori ed eleganze. Il suo capolavoro è la *Maestà* (1308 - 11) ora al Museo dell'Opera del Duomo di Siena, si tratta del più grande insieme pittorico del medioevo. Di Simone Martini, che avvierà un'importante scuola ad Avignone in Francia, possiamo ammirare le *Storie di S. Martino* nella Basilica Inferiore di Assisi e la famosa *Annunciazione* alla Galleria degli Uffizi a Firenze. Questo artista è ricordato soprattutto per la preziosità del colore dei suoi dipinti e per l'esaltazione lineare dei contorni.

Simone Martini, *Annunciazione*

Cimabue, *Crocefisso di S. Domenico*, Arezzo

Cimabue, attivo soprattutto ad Assisi (notizie 1272 - 1302), anche se, come i suoi predecessori, è ancora influenzato dall'arte bizantina, saprà dare nuova drammaticità, naturalismo e intensità emotiva alle sue opere che influenzeranno moltissimo Giotto. Ricordiamo i suoi affreschi nella Basilica Superiore di Assisi e la *Madonna di S. Trinità* ora agli Uffizi.

Giotto (1267? - 1337) perfeziona le tecniche di Cimabue e porta nell'arte italiana una nuova profondità di sentimento e passione. La modernità di Giotto deriva dalla sua cultura profondamente umanistica che lo allontana dai comportamenti tipicamente medioevali e che lo porta a dipingere in modo molto personale le scene di vita familiare ispirate dalla Bibbia. Suoi sono gli affreschi, nella Basilica Superiore di Assisi, *La leggenda di S. Francesco*, i cicli di affreschi a Firenze, nella chiesa di Santa Croce la Cappella Peruzzi (*Storie di S. Giovanni Battista e San Giovanni Evangelista*) e la Cappella Bardi (*Storie di San Francesco*); a Padova ha affrescato la *Cappella Scrivegni*.

La rinuncia dei beni

Il presepe di Greccio

Giotto, *Storie di S. Francesco*, Assisi

Gentile da Fabriano (1370 circa - 1427) dipinge opere di grande eleganza *cortese* (tipiche della corte) che risentono maggiormente del nuovo clima più "internazionale" che porterà a un approccio sempre più umanistico all'arte. Al museo del Louvre di Parigi si può ammirare la sua *Adorazione dei magi*; ricordiamo anche il suo *Polittico Quaratesi*.
Un altro importante esponente del gotico internazionale è il pittore e disegnatore di medaglie Antonio Pisano

entile da Fabriano, *Adorazione dei Magi*

detto **Pisanello**. A Verona, nella chiesa di S. Anastasia si ammira la sua *Partenza di S. Giorgio*. Attivo alla corte dei Gonzaga di Mantova dipinge la *Storia del ciclo cavalleresco bretone* e raffigura i componenti della famiglia Gonzaga in meravigliose medaglie.

Pisanello, *Ritratto di Principessa, Medaglia*

Il rinascimento

La definizione classica del periodo rinascimentale lo descrive come un movimento culturale (artistico, filosofico e letterario) religioso e politico di rottura della tradizione medioevale che porta gradatamente l'Europa verso la modernità, cioè verso un mondo in cui l'essere umano e le sue realizzazioni acquistano un ruolo e un'importanza sempre maggiori e soprattutto non più dominati unicamente dalla presenza divina. In tempi relativamente recenti questa definizione del rinascimento ha subito molte critiche da parte degli studiosi. La contrapposizione tra Medioevo come periodo "buio" e il rinascimento come riscoperta di valori dimenticati non ha più ragione di esistere. Si è dimostrato che durante il medioevo l'interesse per i classici, lo studio per gli antichi e il continuo tentativo di unire la civiltà classica con i valori cristiani non è mai venuto meno e sono proprio i risultati di questa tradizione mai interrotta che arrivano a maturazione nel periodo chiamato rinascimentale. È quindi più giusto parlare di periodo di evoluzione più che di una vera e propria rivoluzione rinascimentale. I valori classici sono ora compresi nella loro vera importanza senza cercare si sottometterli completamente alla visione cristiana del mondo. Questo permette di ritrovare per l'uomo il posto centrale nell'evoluzione che lo vede protagonista e creatore del proprio destino. L'importanza della ragione umana, se non era mai venuta meno nel medioevo, si libera ora di parte della dimensione trascendentale, per diventare maggiormente laica. In questo clima di evoluzione culturale e di relativa ricchezza, almeno per le classi alte, lavorano i grandi talenti del tempo.

Leonardo da Vinci (1452-1419) una delle personalità di maggiore importanza in questo periodo, è pittore, architetto, scrittore, ingegnere, matematico, inventore e progettista di macchine.
Michelangelo Buonarroti (1475-1564), pittore, scultore, architetto e poeta lavora prima alla corte dei Medici a Firenze poi a Bologna.
Un altro grande artista che lavora a Firenze presso i Medici è Sandro Filippi detto **Botticelli** (1445-1510) di cui ricordiamo le famosissime allegorie: *La primavera* e *La nascita di Venere*.
Raffaello Sanzio (1483-1520), pittore e architetto, è considerato uno dei pittori più grandi del Rinascimento.

Michelangelo, *La Pietà*

Raffaello, *Madonna con Bambino*

Botticelli, *La nascita di Venere*

L'elenco dei pittori, scultori, architetti italiani del periodo rinascimentale potrebbe continuare a lungo. Ricordiamo: Beato Angelico, Piero della Francesca, Paolo Uccello, Masaccio, Andrea Mantegna, Benvenuto Cellini, Tiziano Vecellio, Filippo Brunelleschi, Donatello.

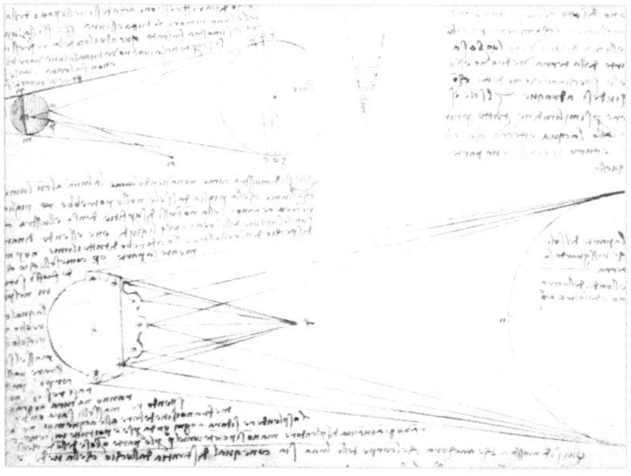

Disegno di Leonardo da Vinci

Beato Angelico, *L'annuciazione*

Se il medioevo era stato definito l'età del caos (della confusione) contrapposto al rinascimento come età dell'ordine e di una maggiore consapevolezza individuale, diventa ora molto difficile conciliare queste idee con la vita e il modo di pensare e di vivere di molte personalità di questo periodo. La virtù rinascimentale non è quello che molti di noi credono, compostezza e rispetto delle regole, ma piuttosto un'esaltazione dei valori dell'arte che non sempre coincidono con quelli religiosi e morali.

Il manierismo (XVI-XVII secolo)

Rosso Fiorentino, *Deposizione*

Se il termine, nel linguaggio di tutti i giorni, è usato ancora con una connotazione essenzialmente negativa per esprimere qualcosa di artificioso e non spontaneo, nella storia dell'arte, in passato, si definivano così le opere di quegli artisti che imitavano in modo esagerato e senza spontaneità i grandi artisti del Rinascimento. Oggi il termine manierismo ha perso questa connotazione negativa e si usa per definire quelle opere pittoriche che anticipano il barocco e che sono caratterizzate da un allungamento delle proporzioni delle figure, da una ricerca ossessiva del particolare, da un uso antinaturalistico del colore e che hanno caratteristiche di varietà, complessità e ricercatezza.
Tra i più importanti artisti manieristi ricordiamo **Giovanni Battista di Jacopo** detto **Rosso Fiorentino** (Firenze 1494 - Fontainebleau 1540), Jacopo Carucci detto il Pontormo (Pontorme, Empoli 1494 - Firenze 1556) e Agnolo di Cosimo detto il Bronzino (Firenze 1503 - 1572) allievo del Pontormo ed esponente di rilievo del secondo manierismo fiorentino di cui ricordiamo *L'allegoria della lussuria* oggi alla National Gallery di Londra.

Giorgio Vasari, *Assalto a Pisa*

Giorgio Vasari (Arezzo 1511 - Firenze 1574), artista ufficiale della corte di Cosimo I de' Medici è stato non solo pittore ma anche architetto e storico dell'arte con la sua *Vita dei più eccellenti architetti, pittori e scultori italiani*. In qualità di architetto si è occupato delle ristrutturazione e decorazione di Palazzo Vecchio a Firenze (Salone dei Cinquecento).

Il barocco (XVII-XVIII)

Caravaggio, *Crocefissione di S. Pietro*

Il barocco si afferma a Roma per poi diffondersi in tutta Europa. La concezione dell'arte barocca abbandona la proporzione e la razionalità rinascimentale per creare un'arte che commuove e che stupisce alla base della quale c'è la glorificazione della chiesa.
Il più grande rappresentante del barocco è **Michelangelo Merisi** detto il **Caravaggio** (Milano 1571? - Porto Ercole 1610). La sua "pittura naturale", contrariamente al manierismo, ha un rapporto diretto e immediato con la realtà ed è caratterizzata da una luminosità fatta di forti contrasti.
Il Caravaggio rinnova completamente la pittura sacra prendendo i suoi soggetti dal popolo e dalla vita quotidiana.
Nella chiesa romana di San Luigi dei Francesi possiamo ammirare la sue *Storie di San Matteo* e nella chiesa di Santa Maria del Popolo troviamo la *Crocifissione di*

Pietro e la *Caduta di S. Paolo*. A Napoli: *Sette opere di misericordia* e a Siracusa il *Seppellimento di Santa Lucia*.

Guido Reni, *La strage degli innocenti*

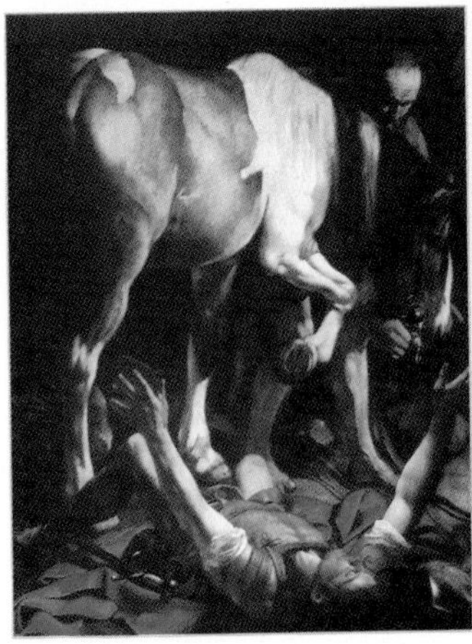

Caravaggio, *Vocazione di S. Paolo*

Caravaggio, *S. Matteo con l'angelo*

Tra gli altri importanti artisti del periodo ricordiamo **Guido Reni** (Bologna 1575 - 1642) che con la sua *Strage degli innocenti* interpreta il naturalismo di Caravaggio in chiave classicista. Di grande bellezza sono pure i suoi affreschi nei palazzi romani (Quirinale e Rospigliosi Pallavicini, San Michele Arcangelo nella chiesa di Santa Maria della Concezione).

Ricordiamo ancora **Luca Giordano** (Napoli 1634 - 1705) e **Annibale Carracci** (Bologna 1560 - 1609).
Il barocco veneziano è rappresentato da **Giovanni Antonio Canal** detto il **Canaletto** (Venezia 1697 - 1768) di cui sono famose le vedute della sua città ricche di luminosità e di grande prospettiva e da **Francesco Guardi** (Venezia 1712 - 1793).

Giambattista Tiepolo (Venezia 1696 - Madrid 1770) sviluppa un proprio linguaggio scenografico lontano dalla monumentalità barocca per i suoi colori chiari e luminosi che danno vita a opere di grande sontuosità (ricchezza, lusso). Per questo il Tiepolo è stato l'interprete dei miti e delle storie della cultura aristocratica veneziana ed europea. Ha affrescato numerosi palazzi e chiese a Udine, Milano (*Corsa del carro del sole*, Palazzo Chierici), Bergamo, Vicenza (Villa Valmarana), Stra (Villa Pisani), Venezia (Palazzo Labia). Ha anche decorato il Palazzo della Residenza a Würzburg e a Madrid il Palazzo Reale (*Gloria di Spagna*). Famosi sono anche i suoi disegni, bozzetti e acqueforti.

Francesco Guardi, *Rio dei Mendicanti*

Canaletto, *Veduta del bacino a S. Marco*

Giambattista Tiepolo, *Cacciata degli angeli ribelli*

La scultura barocca ha, in questo periodo, trasformato Roma arricchendola delle opere di **Gian Lorenzo Bernini** (Napoli 1598 - Roma 1680) e di **Francesco Borromini** (Bissone, Lugano 1599 - Roma 1667). Bernini, anche pittore e architetto, è il massimo interprete del barocco romano, molte sue opere si possono ammirare in S. Pietro di cui ha progettato il famoso colonnato. A Piazza Navona si può ammirare la sua *Fontana dei Fiumi*.

Gianlorenzo Bernini, *Fontana del Tritone, Fontana dei Fiumi,* Roma

Francesco Borromini, *Spaccato di Sant'Ivo alla Sapienza*

In contrapposizione al naturalismo e allo storicismo del Bernini, Borromini crea una architettura rigorosa e con forte carica etica e simbolica. Inizia la sua attività con il *San Carlino alle Quattro Fontane* ricco di nuove invenzioni spaziali e continua con diverse case e chiese romane: *Casa dei Filippini*, *S. Ivo* alla Sapienza, *Sant'Agnese* a Piazza Navona, il *Palazzo di Propaganda Fide* e la cupola e il campanile di *S. Andrea delle Fratte*.
Nicola Salvi (Roma 1697 - 1751) è l'architetto che ha realizzato la Fontana di Trevi.

Nicola Salvi, *Fontana di Trevi*

Il neoclassicismo (XVIII-XIX)

Il periodo dell'arte neoclassica vede la sua nascita con l'esposizione a Roma del famoso quadro del pittore francese Jacques-Louis David il *Giuramento degli Orazi* considerato il vero manifesto di questa corrente artistica. Contribuiscono alla diffusione del neoclassicismo anche gli scavi di Ercolano e il diffondersi di motivi ornamentali egizi ed etruschi delle incisioni di Piranesi. L'arte dell'antichità classica viene interpretata come il modello più alto di perfezione, si esaltano la severità e la purezza delle linee, del colori e delle forme.

La scultura neoclassica vede in **Antonio Canova** (Possagno 1757 - Venezia 1822) il suo massimo rappresentante. Famosissima la sua scultura di Paolina Borghese e di Napoleone in mostra al museo di Villa Borghese a Roma, come pure i sepolcri (tombe) dei Papi Clemente XIII e XIV sempre a Roma e il sepolcro di Maria Cristina d'Austria a Vienna.

Antonio Canova, *Napoleone*

Antonio Canova, *Paolina Borghese*

Antonio Canova, *Sepolcro di Maria Cristina d'Austria*

In pittura troviamo le opere di **Giovanni Fattori** (Livorno 1825 - Firenze 1908), **Silvestro Lega** (Modigliano 1826 - Firenze 1895) e **Telemaco Signorini** (Firenze 1835 - 1901), tutti appartenenti al gruppo chiamato dei "macchiaioli". Questi artisti sono stati indicati anche come precursori (anticipatori) dell'*impressionismo*, infatti tre pittori di questo periodo (**De Nittis**, **Boldini** e **Zandomeneghi**) sono in seguito andati a Parigi per studiare con gli impressionisti.

Fattori Giovanni, *In vedetta*

Silvestro Lega, *Il pergolato*

De Nittis, *Autoritratto*

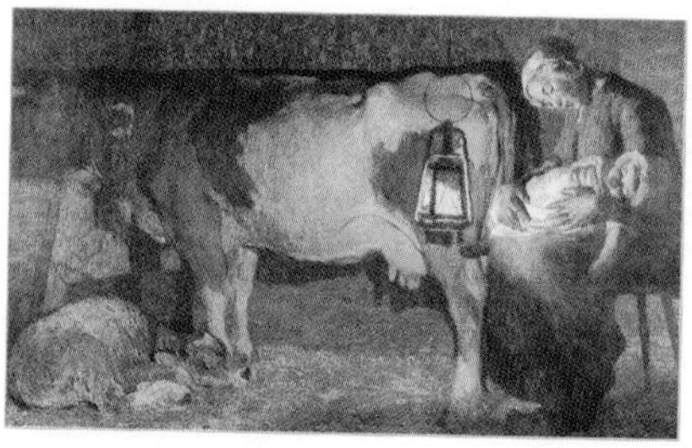

Giovanni Segantini (Arco 1858 - Schafberg, Grigioni 1899) tra i maggiori pittori dell'ottocento italiano guida la pittura del nostro paese verso il XX secolo. Dopo gli inizi che lo vedono legato al naturalismo lombardo, Segantini fa sua la tecnica divisionista e gli influssi dell'art nouveau. Ricordiamo tra le sue opere: *Ritorno all'ovile*, *Ave Maria* a Trasbordo e il Trittico della montagna.

Giovanni Segantini, *Due madri*

Il XX secolo

Il nuovo secolo si apre in Italia con un movimento artistico d'avanguardia: il **futurismo**. Padre del futurismo è il poeta Filippo Tommaso Marinetti che, insieme ad altri scrittori, pittori, scultori e architetti, propone, contro la cultura accademica, una nuova estetica e una nuova concezione della vita fondate sul dinamismo (movimento, attivismo) come principio base della moderna civiltà della macchine. Il *Manifesto* di questo movimento è pubblicato a Parigi nel 1909. Nel campo della pittura, gli artisti che fanno parte di questo movimento, vanno oltre la staticità (immobilità, mancanza di movimento) del cubismo e cercano di riprodurre e presentare il movimento anche all'interno della materia stessa.
Tra i principali rappresentanti nel campo delle arti figurative troviamo: **Umberto Boccioni** (Reggio Calabria 1882 - Verona 1916), **Giacomo Balla** (Torino 1871 - Roma 1958), **Gino Severini** (Cortona 1883 - Parigi 1966) e **Carlo Carrà** (Quargnento 1881 - Milano 1966).

Giacomo Balla, *Automobile da corsa*

Carlo Carrà, *L'amante dell'ingegnere*

Umberto Boccioni, *Forme uniche nella continuità dello spazio*

Negli anni che seguono la prima guerra mondiale, Giorgio de Chirico e Carlo Carrà (a cui si uniscono per breve tempo anche Morandi e De Pisis) definiscono le loro esperienze in campo figurativo con il termine di ***pittura metafisica***. Nelle loro opere troviamo un accostamento di oggetti quotidiani e personaggi della mitologia e i loro quadri tentano di cogliere il mistero dell'esistenza al di là dell'apparenza materiale delle cose.

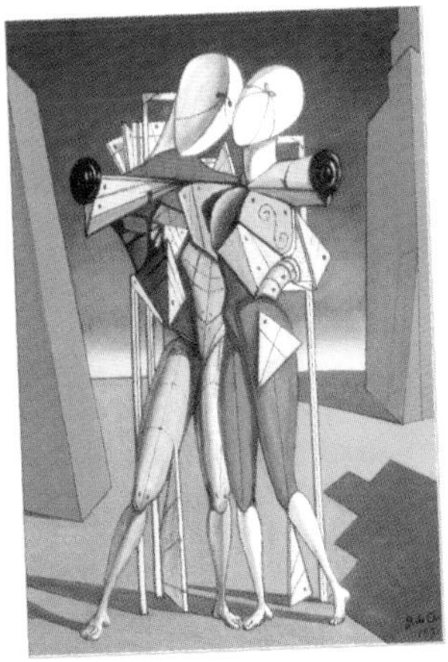

Giorgio De Chirico, *Ettore e Andromaca*

Giorgio de Chirico (Volos, Grecia 1888 - Roma 1978) è a Parigi dal 1911 dove dipinge la famosa serie delle *Piazze* e delle *Torri*. Altri dipinti famosi che influenzeranno sia il movimento dada che il surrealismo sono: *Le muse inquietanti* (1916) e *Ettore e Andromaca* (1917).
Un altro pittore e scultore molto importante di questo periodo è **Amedeo Modigliani** (Livorno 1884 - Parigi 1920) la cui arte risente dell'influenza del cubismo e dell'arte negra. Modigliani dipinge soprattutto figure e ritratti femminili dalla tipica forma allungata: *Chaim Soutine* e *Il grande nudo* (1917).
Giorgio Morandi (Bologna 1890 - 1964), dopo una breve parentesi metafisica dipinge soprattutto nature morte e paesaggi creando particolari effetti visivi giocati spesso sulla stessa tonalità di colore.
Filippo de Pisis (pseudonimo di F. Tibertelli, Ferrara 1896 - Milano 1956) dopo l'esperienza iniziale metafisica, si dedica a una pittura basata su di una raffinata serie cromatica (di colori) che caratterizza le sue nature morte e i suoi paesaggi.

Tra gli scultori e incisori più importanti del '900 italiano si ricorda **Arturo Martini** (Treviso 1889 - Milano 1947) linguaggio di grande forza plastica (*Maternità* 1929.30), **Marino Marini** (Pistoia 1901 - Forte dei Marmi 1980), anche pittore, che, dall'espressionismo giunge fino ai limiti dell'astrazione e infine lo scultore **Giacomo Manzù** (pseudonimo di G. Manzoni, Bergamo 1908 - Ardea 1991); tra le sue opere ricordiamo le serie dei *Cardinali*, la *Porta della morte* per S. Pietro a Roma e il grande *Monumento al partigiano* (1977) a Bergamo.

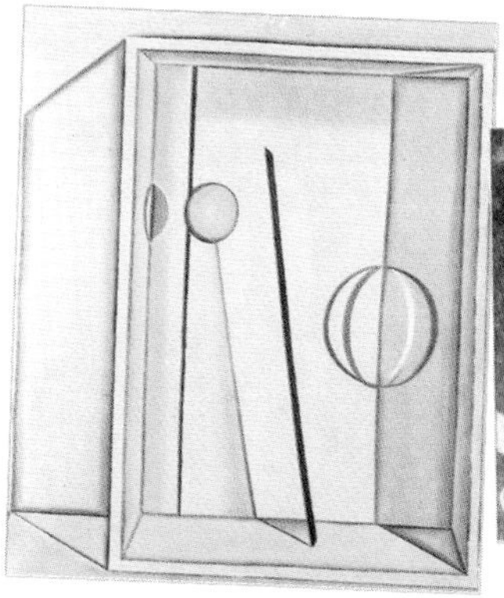

Giorgio Morandi, *Natura morta con palla*

Amedeo Modigliani, *Nudo in rosso*

Tra le tendenze pittoriche di tipo astratto, ***l'Informale***, rifiuta ogni tipo di forma (sia figurativa che non figurativa) assume il colore come materia e soggetto del quadro e sottolinea l'importanza del gesto del dipingere come estensione diretta dell'esperienza dell'artista. Tra i maggiori pittori italiani contemporanei che si possono inserire nel filone della pittura astratta e informale ricordiamo **Emilio Vedova** (Venezia 1919) e **Alberto Burri** (Città di Castello 1915 - Nizza 1995).

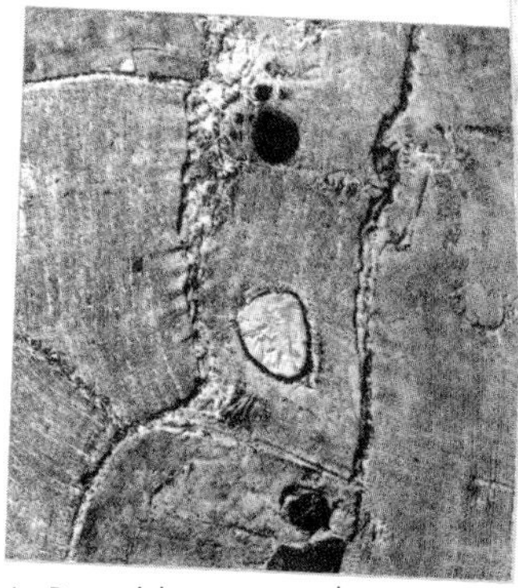

Giacomo Manzù, *Deposizione con prelato*

Alberto Burri, *Sacco B*

Emilio Vedova, *Scontro di situazioni*

Affresco: tecnica di pittura che consiste nel dipingere un muro, mantenuto umido, con l'uso di colori diluiti in acqua.
Altorilievi: scultura in cui le figure sporgono dal piano di fondo a cui sono legate.
Astratto: ciò che è puramente teorico, che non ha contatti con la realtà concreta e materiale.
Bassorilievo: tecnica simile all'altorilievo, ma in cui le figure sporgono in misura minore dal fondo che le unisce.
Catacombe: gallerie scavate sotto terra dai primi cristiani per seppellire i morti e per riunirsi segretamente.
Mitologia: che riguarda le storie degli antichi dei e divinità.
Mosaici: modo di decorare pareti o pavimenti che consiste nell'unire, seguendo un disegno preciso, piccoli pezzi di pietra, vetro o altro materiale in modo da ottenere l'immagine dello schema.
Nature morte: natura morta: tipo di pittura che rappresenta fiori, frutta, animali morti e oggetti inanimati.
Sarcofagi: grosse casse in pietra o marmo decorate usate nell'antichità per racchiudere i morti.

note

note

Finito di stampare nel mese di marzo 2005
da Guerra guru s.r.l. - Via A. Manna, 25 - 06132 Perugia
Tel. +39 075 5289090 - Fax +39 075 5288244
E-mail: geinfo@guerra-edizioni.com